Bauerngärten

Bauerngärten

Marion Nickig / Friedolin Wagner
Edition Ellert & Richter

Inhalt

6   Auf der Suche nach dem Bauerngarten
10   *Kulturelle Einflüsse*
14   *Erste Anleitungen zum Gärtnern*
20   *Historische Einflüsse*

30   Was wächst eigentlich im Bauerngarten?
34   *Großmutters Nutzgarten*
39   *Gemüse, Kräuter und Heilpflanzen*
46   *Blumen nicht nur als Zierde*

72   Zeitgemäß gärtnern
76   *Ökologische Gartenbetreuung*
84   *Pflanzenkombinationen gegen Schädlinge*
90   *Gärtnern in Stadt und Land*

106   Empfohlene Pflanzen im Bauerngarten

122   Register
127   Literatur
128   Autoren/Impressum

Auf der Suche nach dem Bauerngarten

Zum Hof meiner Großeltern gehörten 14 Joch Ackerland. Im österreichischen Innviertel ist der Boden schwer und gut. Großmutter hab' ich nie in ihren zwei Gärten arbeiten gesehen, immer nur auf dem Feld. Eigentlich durfte man nur in den Garten hinein, wenn die Suppe schon auf dem Tisch dampfte und sie sagte: „Geh, hol' mir an Schnittlauch".

Mit dem Maschendraht ums eine, mit dem Sprossenzaun ums andere Gärtchen waren sie mir nie das, was man sich unter Bauerngärten vorstellt. Der Pfarrgarten mit seinen Blumen kam der Vorstellung schon näher. Sehr viel später war mir bei einem Bauerngarten, in dem Gemüse, Kräuter und Blumen zu finden waren, gleichgültig, ob der Eigner tatsächlich Bauer war. Die Wissenschaft nennt den Küchengarten dieser Art einen „verzierten Nutzgarten". Außerdem unterscheidet sie wenigstens fünf Grundtypen des Bauerngartens. Als Bauerngarten soll (nach Titze) eigentlich nur der Garten der Bäuerin bezeichnet werden, der zur Ernährung und Gesundheit der Bauernfamilie und des Viehs sowie zur Zierde des Hofes dient. Dieser Garten entstand aus der Notwendigkeit, die Familie mit Nahrung zu versorgen. Daß er darüber hinaus Lebensfreude, Verbundenheit mit der Pflanze und bäuerliche Selbstdarstellung zum Ausdruck brachte, macht ihn so liebenswert. Die Bäuerin war es ausschließlich, die sich neben der wichtigen Tagesarbeit dem Garten widmete und damit der alltäglichen Plackerei ein Glanzlicht aufsteckte.

An der Mauer dieses norddeutschen Bauernhauses
wächst die einmalblühende, duftende Kletterrose
'Alchymist' in üppiger Pracht.

Der Vogtsbauernhof und sein Garten sind Teil des Schwarzwälder Freilichtmuseums in Gutach. Die Gebäude stammen aus dem 16. Jahrhundert. Den Museumsbesuchern wird einstiges bäuerliches Wohnen und Leben im Schwarzwald vor Augen geführt.

Kulturelle Einflüsse

Die Anfänge einer Gartenkultur in Mitteleuropa
finden sich bei unseren Vorvätern, den Germanen,
oder bei den in diesem Raum siedelnden Römern.
Für einen Römer, dem, hundert Jahre nach Christi
Geburt, eine hochstehende Gartenkultur mit Was-
serkünsten, Figurenschnitt und Obstbaumverede-
lung vertraut war, muß das, was die Germanen in
ihren Gärten hatten, nicht sonderlich rühmens-
wert gewesen sein. Tacitus berichtet darüber in
seiner Germanica. Daraus wird ersichtlich, daß
unsere Vorfahren vorwiegend von der Viehzucht
und der Jagd lebten. Plinius' berühmt gewordener
Satz: „Wälder bedecken das ganze Germanien
und verbinden die Kälte mit dem Dunkel", ver-
mag recht gut die Empfindungen auszudrücken,
die jemand haben mußte, der südlich der Alpen
beheimatet war und den widrige Umstände nach
Norden verschlugen. Die Wälder waren damals
nicht nur dunkel, sondern auch gefährlich. Zäune
beschützten nächtens das eingepferchte Vieh. Sie
umfriedeten auch bescheidene Gärten und den
Hofbereich der Germanen, der gewissermaßen als
unantastbar galt. Zum Überleben brauchte man
das Gemüse, das man anbaute: Linsen, Erbsen,
Saubohnen und wilde Möhren. Der kulturelle
Aufschwung kam mit den Römern. Und die
Grenzmarkierung allen Fortschritts war zunächst
der Limes, jener Schutzwall der Römer vom
Rhein bis zur Donau.
Der Mensch hängt an seinen Gewohnheiten,
besonders an Trink- und Eßgewohnheiten. Kein
Wunder also, daß die streßgeplagten Römer den
Wein, das Obst, das Gemüse und die speziellen
Würzen, die das Leben eben lebenswert machten,
mitbrachten und versuchten, sie auch im Norden

Schon die Germanen schätzten die Puff- oder Saubohne. Sie ist eine ideale Vorfrucht, da sie Ende Juni Platz schafft für Folgesaaten und darüber hinaus im Boden den Stickstoff der Luft durch ihre Wurzeln bindet.

heimisch werden zu lassen. Zur Genugtuung aller
Bajuwaren berichtete Plinius auch, daß der Rettich im Norden recht gut gedeiht und in Germanien zur Größe neugeborener Kinder heran-
wächst. Die frühe Wanderlust unserer Vorväter
bekam den verheißungsvollen Anfängen ihrer
Gartenkultur schlecht. Runde zweihundert Jahre
dauerte das massenweise Drängen in den Süden,
das allen unter dem Stichwort Völkerwanderung
vertraut ist.

Die Pest entvölkerte im frühen Mittelalter ganze
Landstriche. Das Christentum veränderte und
prägte die Umwelt und den Alltag der Überleben-
den. Man war nicht zimperlich, wenn es darum
ging, die allein seligmachende Wahrheit zu ver-
künden. Immerhin, durch die aufkommenden
Klöster war der Gartenkultur ein Neubeginn und
stetiger Aufschwung beschieden. Benediktiner,
Zisterzienser und Kartäuser verbreiteten in Mit-
tel- und Westeuropa die neue Heilslehre und
andere Kenntnisse. Ein Ziel war es auch, Wildnis
in fruchtbringendes, kultiviertes Land zu wan-
deln. Von einem bis zum nächsten, in entlegensten
Ecken des Missionsraumes gelegenen Kloster
kamen mit den gartenbaukundigen Brüdern und
Schwestern Saatgut und Pflanzen. Ein Kloster
ohne Garten war undenkbar, denn die Mönche
und Nonnen versorgten sich selbst. Der Einfluß
der Klöster auf die Struktur aller nachfolgenden
Gärten ist augenfällig. Diese Gemeinschaften verstanden es, ihre Macht und ihren Einfluß zu festi-
gen und die Vorrangstellung, die sie innehatten,
auszubauen. Die generösen Schenkungen und
gewährten Privilegien von der jeweils herrschen-
den Macht brachten dies zum Ausdruck. Der
anwachsende Grundbesitz wurde gut verwaltet.
Auf den klösterlichen Meierhöfen arbeiteten nicht

nur Mönche, sondern auch abhängige Bauern.
Die kundigen Patres, die um die Heilkraft vielfältiger Kräuter wußten und die Obstbäume zu veredeln verstanden, gaben bereitwillig ihr Wissen an bedürftige Landleute weiter. Und gar mancher Bruder Gärtner hat sich im Laufe der Zeit aus den Reihen simplen Landvolks rekrutiert. Im Salzburgischen wurden durch die Patres die Bauern im Bereich der Klöster traditionsgemäß im Obst- und Gartenbau unterwiesen.

Karl der Große zog mit einem Troß von Leuten durch ein riesengroßes Reich, das keine festen Grenzen kannte und seinen Zusammenhalt hauptsächlich dadurch fand, daß der König sich in den unterschiedlichen Landesteilen blicken ließ und durch diverse Amtshandlungen königliche Macht vergegenwärtigte. Neugegründete Königshöfe, die zugleich auch Wirtschaftshöfe waren, beherbergten nicht nur den Herrscher samt Gefolge, sondern hatten sie auch zu ernähren. Karl der Große gab Richtlinien heraus, wie die Krongüter zu verwalten und welche Nutzpflanzen anzubauen waren. Diese Landgüterverordnung, das „Capitulare de Villis" ist das wichtigste Dokument über frühe Gartenkultur. Das 70. Kapitel des Capitulare de Villis nennt 73 Kräuter und Stauden sowie 16 Obst- und Nußbäume. Der Großteil der typischen Bauerngartenpflanzen findet sich in der Verordnung aufgelistet. Von alters her sind diese Pflanzen in den Nutzgärten eines Siedlungsraumes, der sich zwischen dem heutigen Dänemark und Italien in nordsüdlicher und von Frankreich bis Polen in westöstlicher Richtung erstreckte, angebaut worden. Neben den uns vertrauten Gemüsearten finden sich viele Hülsenfrüchte und Pflanzen, die einst als Gemüse geschätzt waren: so der Amarant und die Gartenmelde (beide gibt es als buntblättrige Varianten in manchem heutigen Blumenbeet). Man findet mehr als zwanzig Würzpflanzen genannt, darunter mehrere Minzen. Der Bockshornklee *(Trigonella foenum)* ist heute als Brotgewürz nicht mehr üblich, und kaum jemand kennt ihn noch. Unter den genannten Heilpflanzen finden sich arge Wucherer wie Klette, Pestwurz und Huflattich. Es fällt schwer zu glauben, daß jemand sie tatsächlich in seinen Garten ließ, da sie doch ausreichend in der Feldflur zu sammeln gewesen sein müssen. An Äpfeln werden süße und säuerliche, früh- und spätreifende Sorten genannt.

Neben Birnen und Kirschsorten, die vorgeschrieben werden, ist die Mispel *(Mespilus germanica)* genannt. Wer von uns kennt heutzutage noch dies Obstgehölz oder hat die säuerlichen Früchte gegessen? Auffällig ist, daß einige der aufgelisteten Pflanzen wie Lorbeer, Eßkastanie, Feige, Maulbeerbaum und Rosmarin nicht genügend frosthart sind. Ein Umstand, der zur Vermutung Anlaß gab, daß die Verordnung von Ludwig dem Frommen, dem Sohn Karls des Großen, aus dem Jahr 796 stammen könnte. In Aquitanien, dem Reich Ludwigs, also in Südfrankreich, gediehen die genannten Gewächse natürlich vorzüglich.

Erste Anleitungen zum Gärtnern

Der Klosterplan von St. Gallen aus dem Jahr 816 gibt Auskunft über die Aufteilung und Organisation damaliger Klostergärten. Der Plan enthält vier Arten von Gärten: die Kreuzgänge, den Wurzgarten, den Gemüsegarten und den Baumgarten, in dem auch die Fratres beerdigt wurden. Interessant ist, daß die Gewürzpflanzen mit Gemüsen kombiniert sind. Im Wurzgarten sind

Die Mispel *(Mespilus germanica)* mutet exotisch an, ist gleichwohl frosthart genug, um in einem stilisierten Nutzgarten hierzulande als Blickfang verwendet zu werden. Sie wurde bereits in den „Capitulare de Villis" von Karl dem Großen im 8. Jahrhundert erwähnt. In den umfriedeten Obstgärten der italienischen Renaissance fanden sich neben weinumrankten Laubengängen auf den quadratischen Rasenstücken (compartimenti) unter anderen Obstsorten vielfach auch Mispeln.

zwischen den Heilkräutern Madonnenlilien, Rosen und Schwertlilien genannt. Zu jener Zeit wurden diese Pflanzen verwendet, das heißt, sie wurden als Heilpflanzen betrachtet. Doch im frühen Mittelalter wurden allmählich auch Blumen, die in heidnischen Riten Ansehen hatten, in die christliche Symbolik einbezogen. Die Kreuzform ist als Gliederungsprinzip aufgezeigt.

Walahfried Strabo war um 830 Abt des Klosters auf der Bodenseeinsel Reichenau. Er war auch ein begeisterter, experimentierfreudiger Gärtner. In einem langen, lateinisch abgefaßten Lehrgedicht „Hortulus" gibt er Anweisungen zum Gärtnern. Sein Eingehen auf die Bedürfnisse der Pflanzen läßt vermuten, daß er ein großer Pflanzenfreund war, der über die Nutzung hinaus auch eine gefühlsmäßige Bindung zur Pflanze hatte. Man erfährt durch sein Gedicht, daß man Gärten auf der Sonnenseite der Gebäude anlegte, daß man die Beete mit Holz einfaßte, daß man von der Bodenbearbeitung bis zur Stecklingsvermehrung gärtnerte, wie wir es mit abgewandelten Methoden noch heute tun.

Als erste deutsche Naturforscherin und Ärztin wird die Heilige Hildegard von Bingen angesehen (1098–1179). In ihrem umfassenden botanischen Werk, der „Physika", beschreibt sie mehr als zweihundert Pflanzen sowie deren Heilwirkung. Sie nennt neben den lateinischen die üblichen deutschen Namen der Pflanzen. Neben altvertrauten Heilpflanzen finden sich auch solche, die durch den aufblühenden Handel mit dem Morgenland nach Europa kamen, wie Ysop, Lavendel und Melisse.

Ein großer Förderer der Gartenkultur war der Scholastiker Albertus Magnus (1193–1280), der als Wiederentdecker der wissenschaftlichen Pflan-

Es gibt wohl kaum eine Pflanze, die so eng über
Jahrtausende mit europäischer Kultur verknüpft ist wie
die Madonnenlilie. Die narkotisch duftende Blume
entzückt durch wächsern-weiße Blüten, gilt aber als
„launisch". Anders als die Mehrzahl der Lilien will sie
flach gepflanzt sein und schätzt Kalk.

Dieser am Hang gelegene Garten in St. Märgen hat ein rauhes Kleinklima, so daß Tomaten nicht ausreifen können. Doch Studentenblumen *(Tagetes)* und Ringel-blumen *(Calendula officinalis)* sowie Salat, Petersilie, Stangenbohnen und Lauch gedeihen im Bauerngarten, der von der Hausfrau sorgfältig gepflegt wird, prächtig.

zenkunde gesehen wird, die durch Aristoteles
begründet worden war. Albertus hat darüber hinaus in seinen Werken unter anderem gärtnerische
Erkenntnisse niedergelegt. Er selbst war ein begeisterter Gärtner und verstand es, seltene fremdlän-
dische Pflanzen heranzuziehen. Als Dominikaner
durchwanderte er die Landschaften Mitteleuropas
und hatte Gelegenheit, eine vielfältige Natur zu
beobachten. Gewissermaßen kann man ihn auch
als Gartenkünstler sehen, denn er hat Gärten
erschaffen, in denen man es sich wohlsein läßt,
wie er es selbst sagt, auf Rasenbänken, „besteckt
mit lieblichen Blumen und in der Mitte zum Sit-
zen geeignet, allwo die Sinne sich laben und wo
man sich erquickend ausruhen kann".

Historische Einflüsse

Walahfried, so möchte ich sagen, gärtnerte aus
Neigung; Hildegard hatte es mit heilkräftigem
Kraut; Albertus war ein Schöngeist, doch allen
dreien ist eines gemeinsam. Sie waren von Her-
kunft und Stellung privilegierte Leute und obendrein hochkarätige Gelehrte. Ganz anders verhält
es sich mit den Bauern. Wen hat schon interes-
siert, was in deren kleinen umfriedeten Gärten
wuchs? Sie konnten lange genug nicht einmal
schreiben und lesen. Die Kenntnisse, die ihnen
halfen, das Leben zu meistern, wurden mündlich
überliefert. Die Geschichte des Bauerngartens ist
nicht alt. Das Material, das einen mutmaßen läßt,
wie denn der Bauerngarten ausgesehen haben
mag, findet sich im Nachlaß der Gebildeten und
Reichen, denn Gartenkunst und Wissen über Gartenbau wurde in deren Gärten entwickelt und
nicht in den kleinen Gärten des armen Landvolks.
Was die Bauern im Topf und auf dem Acker

gehabt haben, erfährt man zuweilen nur durch die Niederschrift der Abgaben, die sie ihren Lehnsherren schuldeten. Ein bewirtschafteter Garten muß für den durch Fron geplagten Bauern viel bedeutet haben, aber selbst Sozialhistoriker haben wenig dazu zu sagen. Die Lage der Bauern war über Jahrhunderte elend, sie waren teils hörig und ohne Eigentum, oder aber derart mit Frondiensten und Abgaben aller Art belastet, daß sie ihres Besitzes kaum froh werden konnten. Adel und Klerus waren die Mächtigen. Lediglich am Niederrhein, in den Marschlanden Norddeutschlands, in den Alpentälern der Schweiz und Tirols konnten die Landleute ihre Freiheit behaupten. Die Leibeigenschaft war am härtesten in Schlesien, Mähren, Pommern, Mecklenburg, Holstein, sie war weniger arg in Schwaben, am Oberrhein, in Bayern und in Österreich. Um zum Beispiel genügend Ackerbauern für die heranwachsenden Güter zu gewinnen, schloß der Klerus Pachtverhältnisse ab, die die Bauern dem Hörigkeitsverhältnis entrissen. Das Urbarmachen von Wäldern sowie andere Siedlungsprojekte wurden manchmal verwirklicht, indem man ihnen versprach, daß sie als freie Bauern Güter mit Erbrecht und nur gegen mäßige Abgaben (Zehnten) eingeräumt bekamen.
Stadtluft macht frei; nach dieser Devise entzogen sich häufig die Landleute der tyrannischen Behandlung durch ihre Lehnsherren. Im Mittelalter wurden viele neue Städte gegründet. Selbst dort wurde Vieh gehalten und das Land bebaut. Krautgärten gab es, sie waren Bestandteil bäuerlicher Wirtschaft im Mittelalter, denn vor der Kartoffel waren Rübe und Kohl tägliches Nahrungsmittel. Um 1524 war die gärende Unzufriedenheit des Bauernstandes angefacht worden durch die

mächtige Bewegung, die die Reformation in niedere Volksschichten brachte. Es gab offene Aufstände. Schweizer Bauern vermochten sogar österreichische und burgundische Ritterscharen in die Flucht zu schlagen. Es gab kriegerische Händel im Elsaß, in den Niederlanden und gewaltsame Erhebungen in den südlichen deutschen Landesteilen. Doch die Versuche, eine selbständige soziale Stellung gewaltsam zu erringen, schlugen zunächst fehl. Zuweilen war sogar die erstarkende Landeshoheit der Fürsten dem Emporkommen des Bauernstandes förderlich. Letztendlich bahnte die Französische Revolution eine Reform sozialer Zustände an und führte zur Bauernbefreiung. In Preußen war es die Stein-Hardenbergsche Gesetzgebung, die 1807 die Überreste ehemaliger Erbuntertänigkeit beseitigte. In Österreich waren die Bauern seit 1867 den übrigen Staatsbürgern gleichgestellt.

Das 16. Jahrhundert war in vielerlei Hinsicht bemerkenswert, es war die große Zeit der Entdeckungen, die ungeahnte Veränderungen in sozialer, religiöser und kultureller Weise bewirken sollten. Da war, wie oben erwähnt, die Reformation; die Buchdruckerkunst wurde erfunden, und Amerika war entdeckt worden. Das Wiederaufleben der Künste und Wissenschaften, alles, was man in der Regel unter dem Begriff Renaissance zusammenfaßt, zeitigte erfreuliche Ergebnisse. Die Zeichen der Zeit waren: verstandesmäßiges Erfassen und nicht mehr intuitives Fühlen oder Glauben wie im Mittelalter. Ein unglaublicher Forschungs- und Eroberungsdrang kennzeichnet das erste Jahrhundert der Neuzeit. Durch Forscher und Seefahrer kamen neue Pflanzen nach Europa, die wenige Jahrzehnte zuvor unbekannt waren. Das waren diejenigen Pflanzen, die europäische

Ernährung und Bedürfnisse beeinflußt und verändert haben: Kartoffel, Mais, Tabak, gelbblühender Kürbis, Tomate, Sonnenblume, Feuerbohne, Paprika und Pflanzen, die für uns dekorative Qualitäten hatten. Die ersten botanischen Gärten wurden in Padua (1545) und in Leiden (1587) gegründet.

Von Italien ausgehend, zeigten die Gärten ein nettes Gesicht. Die Linienführung war klar und symmetrisch. Man verwendete Wasserspiele, Statuen, geometrisch beschnittene Gehölze wie zu Römerzeiten. Der Buchsbaum wurde als niedrige Einfassung für Zierbeete, Parterres, gepflanzt, die mit Blumen und Kräutern bestückt waren und deren Muster mit leuchtendfarbigem Ziegelsplitt, Marmor, Kohle oder Muschelbruch komplettiert wurden. Die Muster waren häufig indischen Seidenstoffen nachempfunden. Nicht nur Adel und Kleriker, auch die reich gewordenen Bürger legten Ziergärten an, die Gelehrteninteressen wie der Repräsentation dienten. Berühmt waren die Gärten der Fugger in Augsburg. Gewissermaßen erstmalig pflanzte man die Blumen um ihrer selbst willen in die steifen Gartenkulissen der Zeit. Der Arzt und Botaniker Charles de l'Ecluse, Clusius genannt, der in Wien und Leiden lehrte, brachte von seinen vielen Reisen Pflanzen mit. In den österreichisch-habsburgischen Gärten blühten alsbald Tulpen aus Konstantinopel, Hyazinthen, Scillen aus Kleinasien, Flieder, Kaiserkronen aus Persien und Narzissen aus Spanien. Als erste europäische Wildblume wurde die Aurikel begeistert aufgenommen und züchterisch verändert. Gleichzeitig zeigte die holländische Blumenmalerei in betörender, neuartiger Weise den gefundenen Blumenschatz. Conrad Geßner, Naturforscher, Arzt und Historiker, hat die Gartenkultur des 16. Jahr-

Die ersten Tulpen, die der Gesandte des Wiener Hofs Ghislain de Busbecq aus Konstantinopel (um 1566) mitbrachte, eroberten in wenigen Jahrzehnten die Gärten der Noblen und die der klerikalen Würdenträger der habsburgischen Monarchie.

Nach der legendären Tulpenmanie, die in den dreißiger Jahren des 17. Jahrhunderts in einem Börsenkrach endete, fanden die orientalischen Prunkstücke allmählich auch den Weg in die bescheidenen Bauerngärten in ganz Europa.

hunderts in dem Werk „Horti Germaniae" (1559) festgehalten. Geßner, der in Zürich lebte, wollte aufzeigen, welche Pflanzen in den Gärten gepflegt wurden. Natürlich galt Geßners Hauptinteresse den Raritäten, und die Beschreibung landläufiger Gärten, so wird kritisiert, kam zu kurz. Von all den Neuerungen blieb zunächst der Bauerngarten unangefochten, und für die Bauern gab es Schelte. Colerus, eine Kapazität des Gartenbaus, nörgelt, „daß sich Bauersleute nur wenig auf Gärten befleißigten und der Obstbau im argen läge". Es nimmt nicht wunder, daß die sozialen Rechte einen größeren Anreiz gehabt haben mögen als die Entwicklung der Gartenkultur. Selbst in heutigen Veröffentlichungen über Bauerngärten wird die Entwicklung der Gärten zuweilen wie ein sich verselbständigender abstrakter Prozeß betrachtet, der keine Verbindung hat zu den Händen der Bäuerinnen und dem Geschick ihrer Familien. Der Dreißigjährige Krieg (1618–48) vermochte deutsche Völker zu verelenden und eine vielversprechende Gartenkultur zu zerstören. Während in England kleine Handwerker aus persönlicher Neigung Aurikelzucht betreiben konnten und die Gärten privater Landsitze zur Vollkommenheit entwickelt wurden, ging es hierzulande oftmals ums nackte Überleben. Nach dem Grundsatz, der Krieg müsse den Krieg ernähren, wurden die Kosten für Aufstellung und Erhaltung der Truppen den besetzten Landen aufgebürdet. Wallensteins Truppen wie die der Schweden wurden Söldnerheere, die von Beute und Erpressung lebten, die plünderten und brandschatzten. Ganze Landschaften wurden zu Einöden; die Einwohnerzahl sank auf ein Viertel der ursprünglichen Zahl. Schlimm genug, die politischen und religiösen Gegensätze überdauerten diesen langen Krieg.

Durch Ludwig XIV. von Frankreich (1638–1715)
war gewissermaßen ein Neubeginn für deutsche
Gartenkünste und -kultur gegeben. Nie zuvor
waren Gärten dazu verwendet worden, die eigene
Macht darzustellen. Natur wurde einem Regle-
ment unterworfen, um die Achsen der Schlösser
architektonisch im Umfeld zu verankern. Die
deutschen Fürsten, fasziniert von dieser Art der
Selbstdarstellung, taten es in gleicher Weise und in
barocker Manier. Ausgerechnet die Mächtigen
romantisieren das Bauern- und Schäferleben. Die
Bäuerinnen barocker Malerei sind rosig und liebenswert, doch zur Arbeit scheinen sie nicht zu
taugen. Sie sind lediglich Abbilder der Herrschaften, die rustikalen Leidenschaften frönen.
Das 19. Jahrhundert brachte den Bauern die
Unabhängigkeit und zuweilen bedeutete dies, daß
auch die ökonomischen Grundlagen sich besser-
ten. Die Stimmen, die den Fortgang bäuerlicher
Gartenkultur dokumentieren, sind oft wider-
sprüchlich. Da wurde zwischen 1815–60 regi-
striert und festgestellt, daß sich der Besitz eines
schönen Gartens für gewöhnliche Bauern, nach
deren eigener Ansicht, nicht schicke, daß das
Umgraben als neugeübte, gärtnerische Technik ein
Fortschritt sei und daß die Blumenzucht im
(Schweizer) Volk keine besondere Neigung finde,
„sowenig als sie irgendeinen Gewinn bringt“.
Man spricht aber auch von „freudigem Fort-
schreiten“ der Gartenkultur und „daß sich neue
Gewächse in den Gärten finden“. Die buchsgefaß-
ten Beete, das Rondell und die aus der Mode
gekommenen Blumen des Barockgartens fanden
sich, nach dem Abstieg der sozialen Stufenleiter,
im Bauerngarten. An den Peripherien rasch wachsender Städte florierte nunmehr gewerbsmäßiger
Gartenbau. Die ersten Gartenbauvereine entstan-

den und propagierten bäuerliche Gartenkultur, besonders in Preußen wurde auf Förderung bäuerlicher Fertigkeiten und Unterweisung im Gartenbau gesehen. Die rasche Industrialisierung seit dem Biedermeier, die Gründerjahre mit dem Zustrom ländlicher Arbeiter, die rasch gewonnenen Vermögen veränderten die Gärten in der Stadt wie auf dem Lande. Um die Jahrhundertwende beklagte man schon den Zierrasen und Teppichbeete vor dem Bauernhaus und brachte die „altmodischen" Blumen in Erinnerung. Auf der Suche nach Stil orientierte man sich am Bauerngarten. Der große Architekt Muthesius schwärmte vom Leben auf dem Lande, und ländliche Gärten dienten ihm als Anregung für zu entwerfende Landhausgärten. Manche Reformer aus dem ersten Jahrzehnt dieses Jahrhunderts stimmten schon das Hohelied der „einheimischen" Pflanzen an und fanden die Bauerngartenblumen „herzhaft und gut deutsch". Später wurde das Interesse am Bauerngarten mißbraucht, um nationalsozialistische Ideologie unters Volk zu bringen. Als Grundlagen deutschen Gärtnerns werden „tadellose Ordnung" und „peinliche Sauberkeit" herausgestellt. Eine rege Heimatschutzbewegung sollte die vorgegebenen Leitbilder verwirklichen helfen. Mit dem Ende des Zweiten Weltkriegs erfuhr die Entwicklung des mitteleuropäischen Bauerngartens eine deutliche Zäsur.

Umrahmt von Dahlien steht dieses Erntedank-Stilleben:
Neben leuchtenden Sonnenblumen sind die Früchte des
Bauerngartens wie Rhabarber, Möhren, Gurke,
Radieschen, Quitten und würzige Kräuter Lohn der
Mühe.

Was wächst eigentlich im Bauerngarten?

Der Bauerngarten war von alters her überschaubar und eng umfriedet. Er war meist von regelmäßig angelegtem Grundriß und symmetrischer Aufteilung. In den Gebirgsdörfern sind die Gärten, zuweilen von unregelmäßigem Grundriß, weil sie sich den gegebenen Freiräumen anzupassen hatten. Eine Zwei- oder Vierteilung quadratischer und rechteckiger Grundflächen war die einfachste und zweckmäßigste Gliederung. Das Wegekreuz, mit einem Rondell oder Schöpfbecken im Schnittpunkt der Wege, ist ein Grundmuster, das seit gut tausend Jahren in den verschiedensten Gärten angelegt ist, doch ein typisches Merkmal für den Bauerngarten ist es nicht. In den Alpen findet es sich kaum, weil es zuviel Platz beansprucht. Häufig mußte ein ebener Platz erst für den Garten geschaffen werden. Die ältesten, gebräuchlichen Umfriedungen waren Flechtzäune. Bis in die Gegenwart diente dazu der Lattenzaun. In den norddeutschen, windigen Ebenen werden die Gärten durch Hecken umschlossen. Um möglichst ganztägig besonnt zu werden, wurde der Garten etwas abseits vom Haus angelegt. Deswegen finden sich in bäuerlichen Nutzgärten nur niedrige Beerensträucher und keine Obstbäume. Der ums Haus gepflanzte Obstbaumgürtel gilt als eigenständiger Typus des Bauerngartens. Früher hat man das Gießwasser für die Pflanzen in hölzernen Fässern und Bottichen von den Dachtraufen gesammelt. Ein Brunnen im Garten war die Ausnahme. Die Beete wurden mit Holzplanken oder Steinen eingefaßt, um ein Abschwemmen zu verhindern. Eine Bepflanzung mit Buchs oder polsterartigen Pflänzchen diente dem gleichen Zweck. Kies und Sand, Flußkiesel, dicht an dicht verlegt, waren die traditionellen Beläge für die Hauptwege. Graswege sind hübsch anzuschauen,

Beschnittener Buchs ist vielfältig verwendbar: Hier rahmt er die Beete und akzentuiert im Schnittpunkt der Wege das Zentrum des Gartens. Immergrüner Buchs gibt dem Garten auch im Winter Struktur.

Natürliches Material, etwa ein alter Lattenzaun, fügt sich gut in den Garten. Wer auf die selten gewordenen Erzeugnisse der Böttcher und Küfer zurückgreifen kann, um das Regenwasser aufzufangen, darf sich glücklich schätzen.

doch sie werden, wenn man sie häufig begeht, schnell schlammig. Klinker und Naturstein sind besonders schöne Materialien, um Gartenwege zu pflastern. Wie hübsch ist doch der Kontrast roter Ziegelsteine zu den immergrünen Buchssäumen der Wege in den Bauerngärten Westfalens und Frieslands. Auch Gerberlohe wurde oft als Wegbelag verwendet.

Großmutters Nutzgarten

Meine Großmutter arbeitete 12 bis 13 Stunden am Tag. Stall- und Feldarbeit wurde als vorrangig erachtet, und doch vermochte sie in ihren zwei kleinen Nutzgärten das Gemüse für die ganze Familie heranzuziehen. In Oberösterreich gab es bei den Bauern alltäglich, ausgenommen freitags, Fleisch, meist Schweinefleisch, gepökelt und geräuchert. Jeden Tag kam Suppe auf den Tisch. Großmutter benötigte dafür übers Jahr: Sellerie, Porree, Petersilie, gelbe Rüben, Schnittlauch, viel Kohlrabi, Zwiebeln, Liebstöckel, Frühkraut. An Salatgemüsen zog sie: Kopfsalat und Endivien, rote Rüben, Winterrettich, Gurken. Der Kohl für den Krautsalat wie für das selbstgemachte Sauerkraut wuchs auf dem Kartoffelacker. Die Kohlpflänzchen wurden im Garten vorgezogen, Knoblauch, Kümmel oder Meerrettich – österreichisch Kren – waren geschätzte Fleischwürze. Anis, Koriander oder Kümmel als Gewürz für das Brot, das Großmutter bis Mitte der fünfziger Jahre selbst gebacken hat, wurden nicht mehr im Garten angebaut. Für die vielfältigen österreichischen Mehlspeisen gab es reichlich Kern- und Steinobst, frisch, gedörrt oder eingemacht und jene Ribisl-marmelade, die im Hochdeutschen Johannisbeer-marmelade heißt und, allein genossen, immer ein

Möhren sind ein fester Bestandteil des bäuerlichen Nutzgartens. Das wohlschmek-
kende Gemüse benötigt leichte, lockere Böden.

Kamille hilft sowohl dem Menschen als auch den benachbarten Pflanzen. Die vielseitig verwendbaren Blüten sollten in Schönwetterperioden geerntet werden; Sonnenschein fördert die Bildung ätherischer Öle und heilkräftiger Bitterstoffe.

wenig zu sauer gewesen ist. Auch Mohn fürs Gebäck wurde gebraucht, er wurde auf dem Acker angebaut. Erbsen und Bohnen waren für die Großeltern nur Schweinefutter und gehörten aufs Feld. Von Tomaten sagte Großvater verächtlich: „Paradeiser is' was für d' Stadtleut". Großvater schätzte Käse und Rindfleisch, aber er hat nie erlaubt, daß beim Metzger oder Krämer dafür Geld ausgegeben wurde. Alles zum Leben Nötige wurde bis in die fünfziger Jahre hinein selbst produziert und gefertigt. Man war sparsam, man nahm alles mögliche auf sich, um autark zu sein. Nach dem sonntäglichen Kirchgang wurden allenfalls Zucker, Hefe, Malz- oder Feigenkaffee erstanden. Großmutter mochte Blumen über alles und war eine große Bewunderin meiner kindlichen Blumenbeete im elterlichen Garten, doch sie selbst hatte so gut wie keine in ihren Gärten. Sie war abhängig von Großvaters Meinung, und der fand Blumen überflüssig, wenn sie nicht für Fronleichnam oder Allerheiligen gezogen wurden. Einmal, ich schenkte ihr die überzähligen, kleineren, aber blühfähigen Tochterzwiebeln meiner Tulpen, hatte sie es gewagt: Vor die Ribisl am Zaun pflanzte sie Tulpen! Was Großvater gesagt hat, als die Tulpen im darauffolgenden Mai geblüht haben, weiß ich nicht, aber es muß einer Schelte gleichgekommen sein; Großmutter, danach befragt, war ganz einsilbig. Letztendlich haben die Wühlmäuse vom Tulpenschatz profitiert. Neben einer uralten Pfingstrose fanden sich in einem der Gärten ein paar Chrysanthemen. Diese wurden im Oktober mitsamt den Wurzeln in ausgediente Emailletöpfe getan. Sie standen im kalten Vorhaus (der Diele), vor Frost sicher, bis sie an Allerheiligen auf den Friedhof getragen wurden. Ich erinnere mich, als Kind einen Strauß Klatschmohn

und Kornblumen auf den großelterlichen Stuben-
tisch gestellt zu haben. Die Blumen mußten wieder vom Tisch genommen werden, denn sie waren
für die Großeltern nur Unkraut, das die hart zu
erarbeitenden Erträge zu mindern vermochte, und
es war frevelhaft, auf den Tisch zu bringen, was
nur „Gesegnetem" vorbehalten sein sollte. Ich
meine aber, daß Wiesenblumen wohl geduldet
gewesen wären, doch Glockenblumen, Margeriten
oder Kuckuckslichtnelken waren mir als Kind
nicht sonderlich bemerkenswert, weil es so viele
davon gab. Ich erinnere mich auch an Großvaters
bekümmertes Gesicht angesichts der Herbstzeitlo-
sen im Obstgarten, von denen die angepflockten
Jungrinder beim Grasen respektvoll Abstand hiel-
ten. Im Obstgarten, nicht im umzäunten Nutzgarten, standen Buchs und Sadebaum. Großvater
schnitt davon die Zweige und fertigte die Palmbu-
schen, die wir am Palmsonntag zur Weihe in die
Kirche trugen. Großvater war Kindern gegenüber
nie heftig gewesen. Ein einziges Mal, ich hatte
unachtsamerweise seine frisch gesteckten Holler-
reiser (Holunderstecklinge) als Gerten zum Spie-
len ausgerissen, gab es Hiebe.

Gemüse, Kräuter und Heilpflanzen

Im Bauerngarten wurden von alters her Kohl,
Rüben und Zwiebeln als wichtige Gemüse erachtet. Bis ins 19. Jahrhundert galt Kohl als das
wichtigste pflanzliche Nahrungsmittel. Die Kartoffel wurde ja erst durch Befehl Friedrichs des
Großen 1763 zur Feldfrucht und dadurch allmählich zum Volksnahrungsmittel. Fast alle unsere
heutigen handelsüblichen Gemüse wurden im
deutschen Bauerngarten angebaut. Doch was sich
dann tatsächlich im Garten fand, war von indivi-

duellen Ernährungsgewohnheiten bestimmt und
variierte regional. Grünkohl und Spargel gab es in
alpenländischen Gärten nicht, und es ist noch
nicht so lange her, daß dort erstmalig Erdbeeren
und Tomaten angepflanzt wurden.

Zwiebel, Porree und Knoblauch wirken durch
ihre schwefelhaltigen, ätherischen Öle verdau-
ungsfördernd und schleimlösend. Schon Kräuter-
vater Hieronymus Bock sagte um 1539: Knoblauch „benimmpt den alten husten". Von alters
her hat man das Triumvirat dieser nützlichen Lili-
engewächse verwandt, wenn's einem übel erging.
Gemüse wie der Gute Heinrich *(Chenopodium
bonus-henricus)*, die Gartenmelde *(Atriplex hortensis)* und der Amarant *(Amaranthus caudatus)*,
deren Triebspitzen, junge Blätter und Stengelteile
spinatähnlich zubereitet wurden, vergaß man, als
der Spinat bekannt und beliebt wurde. Amarant
und Gartenmelde kommen zur Zeit in Gunst;
diesmal allerdings als Blattschmuckpflanzen in
sommerlichen Blumenbeeten. Der Amarant, als
Fuchsschwanz bekannt, ist auch als Vasen-
schmuck begehrt. Nahezu vergessen ist als Salat-
pflanze der Portulak *(Portulaca oleracea)*, vielleicht liegt es an seiner Empfindlichkeit gegenüber
kaltem, feuchtem Wetter. Der Kresse *(Lepidium
sativum)* kann es ja kaum feucht genug sein. Sie
war immer das erste eßbare Grün, das man aus
dem Garten holen konnte. Der Anbau von Salat
ist fast übers ganze Jahr möglich geworden, wenn
man ein Mistbeet zu Hilfe nimmt und die unterschiedlichen Sorten geschickt einsetzt. Der läng-
liche Römersalat mit dem ausgeprägten Eigenge-
schmack übersteht heiße Witterungsperioden
glänzend. Pflücksalate haben die gute Eigenschaft,
immer wieder nachzuwachsen und stehen heutzutage bei allen Salatfans in Ehren. Der Endivien-

Die Blütenstände des Knoblauchs (oben) und die des Schnittlauchs (rechts) sind dekorativ genug, um nicht nur Gemüsen und Kräutern, sondern auch Schmuck-pflanzen beigesellt zu werden. Die antibiotische und antibakterielle Wirkung dieser Würzpflanzen kommt in der Mischkultur auch anderen Pflanzen zugute.

salat wird im Herbst durch das Zusammenbinden des Kopfes gebleicht und erhält erst dadurch einen angenehmen Geschmack. Früher wurde Gemüse mit bitterem Geschmack wie Löwenzahn, Schwarzwurzeln, Artischocken und Sellerie häufig durch Überstülpen von Tontöpfen oder Körben gebleicht, doch solche Gemüse waren für die meisten Bauern zu exotisch.

Mit der Verwendung von Gewürzkräutern hat es auch so seine Bewandtnis. Die Kunst des Würzens war nie Sache der Bauern, und die vermeintliche Vielfalt an Kräutern, die in Bauerngärten wuchsen, wurde eher für medizinische Zwecke genutzt als für kulinarische.

Die Grenze zwischen Heil- und Würzkraut ist also so genau nicht zu ziehen. Außerdem waren viele unserer heutigen Schmuckpflanzen ursprünglich Heilpflanzen. Der erstaunlichen Überlebenskraft mancher Pflanzen und weniger dem häufig zitierten Traditionsbewußtsein der Bauern ist es zu danken, daß sich das überflüssig gewordene Heilkraut im Garten hielt. Freilich, vieles wurde auch geduldet, weil es hübsch war oder weil man registrierte, daß im Bannkreis aromatischer Pflanzen weniger Schädlinge zu finden waren.

Minzen wuchern, um sich ein Territorium zu erobern. Im Bauerngarten hält man bevorzugt die Pfefferminze *(Mentha x piperita)* und die Krauseminze *(Mentha crispa)*. Der Begleitumstand, daß manche Pflanzen so gut rochen, sicherte den Platz zum Überleben, nachdem man vergessen hatte, wofür sie eigentlich dienten. In manchen Regionen war es üblich, zum Kirchgang kleine Riechsträußchen zu fertigen. Zu nennen sind Eberraute *(Artemisia abrotanum)*, Melisse *(Melissa officinalis)*, Lavendel *(Lavandula angustifolia)*, Balsamkraut *(Chrysanthemum balsamita)*, Rainfarn in

Aromatische Minzen gibt es in Variation
der Duftnuancen, die sie zur Verwendung in Küche, Bad und Hausapotheke
willkommen werden läßt. Die Pfefferminze (*Mentha x piperita*, oben) ist
besonders reich an Menthol.
Im Garten, aber auch im Wäscheschrank
ist Lavendelduft willkommen. Auf
trockensteinigen Böden und mit sonnigem Standort ist die mittelmeerische
Pflanze (rechts) auch hierzulande
ausreichend winterhart.

der krausblättrigen Form *(Tanacetum vulgare crispum)* und Ysop *(Hyssopus officinalis)*. Besonders vom Balsamkraut wurden, so heißt es, die großen Basalblätter der Pflanze als Lesezeichen in Bibel oder Gebetbuch verwendet. Ich vermute, das Stillsitzen in der abgestandenen Luft wird früher unweigerlich einen geplagten Körper zum Nickerchen gebracht haben; zuweilen vielleicht auch die Predigt.

Eine andere Gruppe von Pflanzen wie Borretsch, Bohnenkraut, Fenchel, Dill und Ringelblumen säte sich selbst aus und kam alljährlich treu und brav zwischen den Gemüsepflanzen hervorgeschossen. Auch das Mutterkraut *(Chrysanthemum parthenium)* macht es so. Wie es der Name andeutet, fand es in der Frauenheilkunde Verwendung. Es hat im Laufe der Zeit verschiedene Erscheinungsformen, Kultivare also, ausgebildet, die als eigene Sorten geführt werden. Ich selbst besitze fünf Formen der aromatischen Pflanze. Schon Clusius berichtete 1583 über eine gefülltblühende Variante, die er aus England bekommen hatte. Zahlreiche Nachkommen haben auch Schlafmohn, Jungfer im Grünen und Tabak.

An Kräutern, die ursprünglich aus dem Mittelmeerraum zu uns kamen, aber unsere Winter nicht immer schadlos überstehen, seien genannt: Thymian *(Thymus vulgaris)*, Bergbohnenkraut *(Satureja montana)* und Estragon *(Artemisia dracunculus)*. Bekannt und etwas robuster sind Wermut *(Artemisia absinthium)* und Salbei *(Salvia officinalis)*.

Rosmarin, blaublühend und vielgeliebt von alters her, ist so wärmebedürftig, daß er in Mitteleuropa nicht freiwachsend im Garten gehalten werden kann. Als Brautschmuck hat ihm die Myrte schon vor langer Zeit den Rang abgelaufen. Es wundert

Der Küchensalbei (*Salvia officinalis,* oben) ist hocharomatisch und ausdauernd. Er schätzt Sonne und etwas Kalk im Boden.
Borretsch (*Borago officinalis*, rechts) wächst einjährig und sät sich in der Regel selbst aus. Er schätzt nahrhaftfeuchten Boden und will nicht verpflanzt werden.

mich immer wieder, daß mich so häufig Blumen-
freunde, die vor meinen Rosmarinstöcken stehen,
fragen, welche Pflanze das sei. Ich finde, Rosmarin müßte auch hierzulande wieder mehr
geschätzt werden. Es lohnt sich, Rosmarin wie
andere Kübelpflanzen auch an kühlem Fenster-
platz überwintern zu lassen, um die herbwürzigen
Blättchen für Gegrilltes zu haben oder einfach
sich selbst zur Freude.

Durch vermehrten Biergenuß unserer Vorfahren
ging der Weinanbau zurück. Überflüssig wurden
somit auch die Pflanzen wie Kermesbeere, Judenkirsche oder Lampionblume, Muskatellersalbei
und Weinraute, die dem Wein zugesetzt wurden,
um seine Farbe oder den Geschmack zu ver-
bessern. Die orangefarbenen Lampions, die
Fruchtstände mit purpurfarbenen Beeren der
Kermesbeere, der hell opalisierende Blütenstand
des Muskatellersalbeis wie die blausilbrigen Blatt-
büsche der Weinraute sind so dekorativ, daß ich
sie hier als Gartenschmuck empfehlen möchte.

Blumen nicht nur als Zierde

Oft werde ich gefragt, was denn Bauerngartenblumen auszeichnet. Ich meine, der Umstand, alt-
vertraut und gefällig zu sein, genügt nicht. Das
wichtigste Merkmal sollte sein, daß die Pflanze
kaum Ansprüche an Boden und Pflege hat, je
mehr Vernachlässigung sie lange Zeit erträgt,
desto begehrenswerter erscheint sie mir. Wann
immer Ihnen eine schöne Blütenstaude vor Augen
kommt, die Ihnen obendrein robust zu sein
scheint, sehen Sie in ihr eine mögliche „Bauerngartenblume". Ist es Ihre eigene Pflanze, dann
hacken Sie so ein Kleinod in Teilstücke und ver-
schenken Sie es an Ihre Gartenfreunde. Gehört die

Pflanze jemand anderem, erbitten Sie sich ein Teilstück oder einen Steckling. Traditionsgemäß wurden gute Blumensorten über den Gartenzaun hin verschenkt, meist kamen sie aus Pfarrers oder Lehrers Garten. Es stimmt mich traurig zu sehen, daß sich durch moderne Blumenzucht zuweilen die robuste Konstitution der Gartenblumen verflüchtigt. Das letzte Beispiel dafür ist die Schwertlilie, die wunderschön, aber blühfaul und heikel geworden ist.

Ehemalige Heilpflanzen fürs Vieh, die man heutzutage eigentlich nur noch in Freilichtmuseen bestaunen kann, waren die Meisterwurz *(Peucedanum ostruthium)*, der Beinwell *(Symphytum officinale)* und die Grüne Nieswurz *(Helleborus viridis)*. Der Beinwell hat jedoch erneut Bedeutung im biologischen Gemüsebau gewonnen, er wird zu Pflanzenjauche vergoren. Ein Verwandter des Beinwells, blaublühend und sehr dekorativ wie anspruchslos, ist *Symphytum caucasicum*. Meine Grünen Nießwurzen, die ich aus einem Olivenhain in der Toskana mitbrachte, entwickeln alljährlich nach den ersten Herbstfrösten Frühlingsgefühle und fangen an zu blühen. Leider werden jedesmal die apfelgrünen Blüten durch die nachfolgenden schärferen Fröste zerstört. Die Pflanzen selbst sind frosthart. In der Toskana haben sie, wie es sich gehört, im März geblüht.

Das Miteinander von Nutz- und Zierpflanzen im Bauerngarten bekam beiden gut. Die einen waren durch die Stoffwechselprodukte und aromatischen Ausdünstungen benachbarter Pflanzen weniger von Schädlingen und Krankheiten befallen, und die anderen profitierten von dem reichen Nahrungsangebot, das den Nutzpflanzen zugedacht war. Auffällige Blütenfarbe, üppige Form und Reichblütigkeit sicherte den Blumen das Interesse

Solch üppig-buntes Sommerblumen-Quartier stimmt den Gärtner großzügig: Mit
Sonnenblumen, Schmuckkörbchen, Pompondahlien, Studentenblumen, Borretsch und
Ringelblumen lassen sich Freunde gewinnen.

und Wohlwollen der Bäuerin. Bäuerinnen hatten immer schon eine Schwäche für dichtgefüllte, barocke, grelle Blumen, die Fröhlichkeit und Lebenslust ausdrückten. Dieser Vorliebe ist es zu danken, daß manche der „historischen" Blumensorten sich überhaupt für die Nachwelt erhalten haben (weniger hierzulande als in den Niederlanden und in Großbritannien). Alles, was im Hortus Eystettensis von 1613, einem bewundernswerten Werk über den Blumenschatz des damaligen fürstbischöflichen Gartens zu Eichstädt, in Kupfer gestochen ist, all jene auffälligen Prachtblumen passen in den Bauerngarten, vorausgesetzt, sie sind lebenskräftig.

Als Bauerngartenblume schlechthin kann man die Bauernrose bezeichnen. Die Kaiserkronen, die gefüllten Narzissen, die wir heute als 'Rip van Winkle' kennen, Hyazinthen, Zentifolien, Türkenbund, Tulpen und Aurikeln sind Beispiele für die barocke Blumenpracht ehemaliger Bürgergärten.

Ich meine, daß besonders die „alten" Rosen in den Bauerngarten passen, besser als moderne Teehybriden und Floribundas, weil sie frosthart bis in die äußersten Spitzen sind und weil sie so gut duften. Aber ich weiß natürlich, daß die öfter blühenden, brillant gefärbten modernen Rosen den Bäuerinnen lieb sind. Die 'Gloria-Dei'-Rose, jene ältere Teehybride aus den fünfziger Jahren, die mir zu grobschlächtig ist, entspricht genau dem bäuerlichen Blumenideal, also: üppig, gesund und reichblühend zu sein – und tatsächlich findet diese Rose sich ja auch häufig in heutigen Bauerngärten. Doch zurück zu den historischen Rosen. Ich finde, diese Rosen verschwenden sich zur Blütezeit in einem Meer von Blüten, nichts wirkt kleinlich oder knauserig an ihnen. Und wie gesagt, sie

Die altvertraute Pfingstrose *(Paeonia officinalis)* und die spektakulären Verwandten aus dem Fernen Osten, die Edelpaeonien *(Paeonia lactiflora-Hybriden),* sind unverwüstliche Gartenblumen und werden alt wie Methusalem.

Der Name der Feuerlilie *(Lilium bulbiferum)* paßt zur Signalfarbe. Schon 1543 beschrieb der Botaniker und Arzt Leonhard Fuchs in seiner „Historia stirpium" diese Lilie als feuerrot. Die Kulturform ist lebenskräftiger und blühfreudiger als die Ursprungsform aus den westlichen Alpen. Links davon blühen Fingerhut und Lupinen.

Den Stockrosen *(Althaea rosea)* gefällt es, windge-
schützt zu stehen sowie genug Dünger und Wasser zu
bekommen. Sie wachsen dann übermannshoch.
Besonders die gefülltblühenden Spielarten der Pflanze,
deren Blüten an Puderquasten erinnern, waren beim
Landvolk begehrt.

duften wirklich! Graugrün sind die Blätter der
Rosa alba mit ihren weißen oder rosafarbenen
Sorten. Mit einer sprichwörtlichen Unverwüstlich-
keit hält sie es selbst an Plätzen aus, wo andere
Rosen schon lange versagen. Auch die Sorten der
Damascena-Rose haben die Frosthärte der
ursprünglich aus Kleinasien stammenden Art. Als
einzige aller europäischen Rosenarten brachte sie
eine remontierende, also im Spätsommer ein zwei-
tes Mal blühende Variante hervor. *Rosa gallica* ist
die älteste und berühmteste aller Rosen. Enorm
robust und überlebenstüchtig wurde sie an vielen
Orten gefunden, an denen die römische Kultur
ihre Spuren hinterließ. Es gibt von ihr wunderschöne Sorten. Der hundertblättrigen Rose, *Rosa
centifolia*, gab Plinius den Namen.
Die meisten Zentifolien-Sorten entstanden im 16.
und 17. Jahrhundert in den Niederlanden. Eine
Mutation der Zentifolie ist die Moosrose in unterschiedlicher Färbung und mit ihren pelzigen, nach
Harz duftenden Knospen und Hüllblättern.
Typisch für sie ist die kugelige, schüsselartig ver-
tiefte Blütenform.
Mit der aus Asien stammenden *Rosa indica*, die in
die Sorten der europäischen Rosen eingekreuzt die
Stammformen unserer heutigen Teehybriden erga-
ben und die auch gelb blühten, was die historischen europäischen Rosen nicht tun, entstanden
weitere, wunderschöne Rosensorten. Die bewundernswerten Bourbonrosen wie die Remontant-
rosen sind nicht mehr so frosthart, wie man es
sich wünscht. Rosensorten zu sammeln kann zur
Leidenschaft werden. Gott sei Dank, heutzutage
gibt es die „alten Herrschaften" der Rosenzunft
ohne Schwierigkeit zu kaufen.
Auch die Madonnenlilie ist altehrwürdig. Sie
stammt aus dem Gebiet des östlichen Mittelmeer-

raumes, spielte ihre Rolle in den Glanzzeiten
Athens und Roms, ist also seit undenklichen Zei-
ten in Kultur. Der Gartenschriftsteller Christian
Grunert meint, daß die Madonnenlilien in Bauerngärten gedrängt lebten wie das Aschenbrödel
während der Herrschaft der bösen Stiefmutter,
aber nach Erfahrungen derjenigen, die sich um
diese wunderbare Lilie bemüht haben, ist die
Pflanze eigentlich nur noch in ländlichen Gärten
gesund anzutreffen. Hat man Glück mit anderen
Lilien, kann man ziemlich sicher sein, sich keiner
Erfolge mit ihr rühmen zu können. Madonnenlilien sind virusanfällig, mehr als andere Lilien.
Die einzigen prächtigen Madonnenlilien, die ich
jemals haben durfte, standen im elterlichen Garten im Hausruckviertel in Oberösterreich. Gutmü-
tig sind dagegen, wenn man das von Blumen
sagen kann, die Feuerlilie *(Lilium bulbiferum)*
und der Türkenbund *(Lilium martagon)*. Die
Königslilie *(Lilium regale)* kam erst 1903 von
China nach Europa, und sie ist dankbar und
gesund. Ihre weißen Trichterblüten, die auch stark
duften, erinnern an die Madonnenlilie. Für Bauerngärten ist sie empfehlenswert.
Malven oder Stockrosen sind eigentlich auch nur
im Bauerngarten so richtig glücklich. Dort
bekommen sie die Wagenladungen an Mist, der
sie neben Salat und Sellerie hoch und stark heranwachsen läßt wie die Kirche im Dorf, und dort in
der rauhen Landluft haben sie vielleicht auch das
Glück, nicht vom Malvenrost ereilt zu werden.
Der Eibisch, die bescheidenere Verwandtschaft,
taugt zum Gurgeln. Das sich verändernde Schön-
heitsempfinden verschiedener Epochen bedingt,
daß besonders Schmuckpflanzen ohne vermeintli-
chen Grund in Ungnade fallen. So ist es im 19.
Jahrhundert den Aurikeln und Nelken, zu Anfang

Die historischen Rosensorten, besonders die frostharten, einmalblühenden, passen in
bäuerliche Gärten. Und um sie herum oder zu ihren Füßen können blaublühende

Stauden und Kräuter wie Storchschnabel, Borretsch, buntblättriger Salbei sowie
Fenchelkraut den Flor farblich ergänzen.

dieses Jahrhunderts den Fuchsien ergangen. Die Nelken waren im 18. Jahrhundert richtige Modeblumen, es gab Hunderte von Sorten. Doch unabhängig davon waren sie von jeher in Süddeutschland und in den Alpenländern heimischer als sonst irgendwo in Europa, ausgenommen England natürlich. Die rote Nelke als Balkonblume ist in Tirol fast eine Landesblume. Dort trug man duftende Nelken zur Tracht, die Frauen am Mieder, die Männer auf dem Hut. Bauhin, Arzt in Basel, registrierte 1571, daß man in Basler Bauerngärten gefüllte, buntscheckige, halb rot, halb weiß getuschte Nelken gezogen hat. Die Chinesernelken kamen auch schon vor 1700 nach Europa und wurden mit gleicher Hingabe gekreuzt und zu neuen Sorten ausgelesen wie die Landnelken. Leider fehlt den Chinesernelken der sprichwörtliche Nelkenduft, den die Sorten der Landnelken, der Pfingstnelken und die Bartnelken haben. Jacob Theodor Tabernaemontanus' drastische Empfehlung 1588 zum Nelkenessig: „So ist auch dieser Eßig trefflich gut wider die böse gifftige Pestilenzisch Lufft, so man die Hände und das Angesicht sich damit besprengt", erinnert daran, daß man ursprünglich mit Nelkenduft gegen Körpergeruch ankämpfte.

Margeriten in vielfältiger Erscheinungsform sind vom Frühjahr bis zum Herbst immer gern gesehen. Die meisten Korbblütler sind anspruchslose Gartenpflanzen und gute Schnittblumen. Die ersten, die zusammen mit den Tulpen blühen, sind die gelben Sterne der Gemswurz. Sommerliche Stimmung verbreiten Sonnenauge, Sonnenhut und die feinstrahligen Blüten des Alant, auch eine ehedem geschätzte Heilpflanze. Wunderbare samtige Töne bringen im Spätsommer die Sorten der Sonnenbraut. Zu dieser Jahreszeit sind auch die Son-

Sonnig und offenherzig, die runden
Gesichter der Sonnenblumen (oben)
gefallen jedermann. Da sie leicht zu
kultivieren sind und hoch über dem
Gemüse, in schwellenden Blütenscheiben
Mengen leckerer Samenkörner heran-
reifen lassen, ist ihr Dasein im Nutzgarten gesichert.
Die allerneueste Fortentwicklung des
Löwenmäulchens (rechts) hat dieser altvertrauten Blume leider das „Mäulchen"
genommen, das Generationen von
Kindern soviel Kurzweil versprach.

Rosen und Lavendel: Diese Kombination ist klassisch. Hier sind die weißen 'Schnee-wittchen'-Rosen mit duftenden Lavendelsäumen kombiniert. So stilisiert gibt sich jedoch eher der Zugang zum Pfarrhaus als der Wirtschaftsweg im Bauerngarten.

nenblumen schon zu den mächtigen Gestalten
herangewachsen, die mit riesigen Blütengesichtern
auf rundliche Zwiebeln und erstarkende Kohl-
köpfe herunterschauen. Sommerastern und Stroh-
blumen treiben es zu diesem Zeitpunkt auch so
richtig bunt.

Herbstlich prächtig sind die Dahlien, die erst im
19. Jahrhundert in die Bauerngärten aufgenommen wurden. Um 1850 sagt der Botanikprofessor
Unger von österreichischen Gärten, daß sie „in
der Regel schmuck- und kunstlos, aber nicht
unmalerisch" seien. Als „neueste Eindringlinge"
nannte er Herbstastern, Monarde, Phlox, Chrysanthemen und Pelargonien. Von diesen Pflanzen
befürchtete er, daß sie die alten Charakterpflanzen
zu verdrängen drohten und der Bauerngarten ein
fremdartiges Aussehen bekommen könnte. Ein
Beispiel dafür, wie etwas für die Nachgeborenen
als selbstverständlich anmutet, was für Zeitgenos-
sen oftmals als bedenkliche Neuerung galt. Ich
erinnere an die vielgeschmähten Koniferen in den
Bauerngärten. Und ich will auch kein Hehl daraus
machen, daß ich sie dort nicht leiden kann.

An Annuellen, also einjährigen Blumen, sind
besonders solche gefragt wie Goldmohn, Leinkraut, Schleifenblume, Wucherblume, die man an
Ort und Stelle sät und die man später lediglich
ausdünnt, damit sie sich kräftig entwickeln können. Ich selbst mag es gern, wenn ich die dicken
Saatkörner der Kapuzinerkresse, irgendwann in
der zweiten Maihälfte, in die Erde drücke, dort,
wo gerade die Tulpen blühen, und dann vergesse,
daß ich es getan habe. Aber wie stolz bin ich,
wenn mich die ersten Kapuzinerchen zwischen
ihren runden Blättern anfunkeln, daß man sich
die Augen reiben könnte vor soviel Farbenglut.
Ich komme mir dann natürlich sehr umsichtig

Die einjährige, aromatische Schleifenblume (*Iberis umbellata*, oben) ist
anspruchslos. Hier gesellt sich blaublühende „Jungfer im Grünen" *(Nigella
damascena)* hinzu.
Tausendschön (*Bellis perennis*, rechts)
und Vergißmeinnicht *(Myosotis alpetris)*
sind ein perfektes Frühlingsgespann.
Besonders das Vergißmeinnicht bringt
sich durch Selbstaussaat alljährlich in
Erinnerung. Dies Blau, es trifft uns
immer!

vor – dabei haben die Blumen doch alles für sich
selbst getan. So ähnlich verfahre ich auch mit
Löwenmäulchen, nur diese, ich muß es gestehen,
blühen dann spät im Jahr.

Unter den Frühlingsblumen ist das Maßliebchen
altehrwürdig. Leonhard Fuchs konnte es schon
1539 mit gefüllten Blütchen bewundern. Was
wäre ein Mai ohne Vergißmeinnicht, Maiglöckchen und Goldlack, dem Gelbveigelein vergange-
ner Zeit? Es war der Duft, der der Pflanze den
Namen eintrug, denn natürlich gehört der Goldlack nicht zu den Veilchen. Wie heißt es bei
Tabernaemontanus: „… zu Cölln am Rhein findet
mans allenthalben auf den Mauren wachsen aus
den Fugen der Stein". Der Hinweis macht klar,
daß es der Goldlack gerne trocken hat, ein biß-
chen Kalk dazu. Die heutigen Stiefmütterchen, die
um Ostern herum überall zu kaufen sind, erachte
ich als schlechte Investition, mit den ersten heißen
Tagen hauchen sie ihr Leben aus. Ich finde sehr
viel mehr Gefallen an den Zigeunern unter den
Violen wie dem Gehörnten Veilchen *(Viola cornuta)* und dem schwarzen Bowles-Veilchen *(Viola
nigra)*, das sich selbst aussät. Die Hornveilchen
blühen schier endlos lange, und die immer länger
werdenden Ranken klettern gleichsam in benach-
barte Pflanzen und blühen dann plötzlich eine
Etage höher. Das Tränende Herz kam erst 1847
nach Europa, hat sich aber schon kurz darauf in
manchem Bauerngarten unentbehrlich machen
können. Es ist als empfindlich verschrien, doch
liegt das nach meiner Meinung daran, daß in
spätfrostgefährdeten Gärten der Neuaustrieb mit
den Blühanlagen durch Frost ruiniert wird. Die
Pflanze selbst ist winterhart.

Manche Blumen hat man sich aus der umliegen-
den Landschaft geholt, besser gesagt, diejenigen

Formen von Wildblumen, die in irgendeiner Weise
sich abhoben, entweder größere Blüten zeigten
oder lebhafter gefärbt waren. Andere Blumen
kamen auch gewissermaßen als uneingeladene
Gäste in den Garten; so der Fingerhut, die
Königskerze, die Wegwarte, die Lichtnelke. Hart-
näckige „Ausländer" wie das aus Ostasien stam-
mende Springkraut *(Impatiens glandulifera)*, wie
Goldrute und Nachtkerze aus Amerika wachsen
buchstäblich überall. Mir kommen auch die Wildblumen in den Sinn, die ich im großelterlichen
Obstgarten gedeihen sah, die Margeriten,
Glockenblumen, Schafgarben, Storchschnabel,
Hahnenfuß und Vergißmeinnicht.
Im traditionellen, bäuerlichen Nutzgarten finden
sich kaum Sträucher, denn sie nehmen dem
Gemüse das notwendige Sonnenlicht. Vielleicht ist
zuweilen die Gartenpforte mit einem Rankgerüst
überspannt, an dem Geißblatt und Rosen wachsen. Oder an einer Stützmauer klettert Efeu. Gelegentlich sieht man einen Lebensbaum, einen
Schneeball- oder Fliederbusch, in Norddeutsch-
land auch hin und wieder eine in Form dressierte
Eibe oder, wie es die Niederländer tun, eine im
Zentrum gepflanzte Kornelkirsche. Doch sonst ist
nur dem Beerenobst gestattet, im umzäunten Garten zu sein. Johannisbeeren und Stachelbeeren
haben schon lange das Gartenrecht. Es gab die
rosig-süßen, die weiß-milden, die schwarzen, die
rot-sauren Johannisbeeren alle schon im 17. Jahrhundert. Auch von den Stachelbeeren gibt es seit
langem Sortenauslesen. Himbeeren und Brombee-
ren im Garten zu haben war lange Zeit überflüssig, denn man konnte sie einfach von schattigen
Rainen und sonnigen Waldblößen sammeln. Die
dornenlose Brombeere hat heute zuweilen ihren
Gartenplatz am Zaun. An den Hauswänden der

An diesem Staketenzaun aus vollrundem, ungeschältem Astholz in alter Machart drängen sich Kapuzinerkresse, Schafgarbe, Phlox und Dahlien. Er steht im Bauernhausmuseum Amerang in Oberbayern.

Johannisbeeren, unterschiedlich in Ausfärbung und
Aroma, sind auch heute noch willkommene Ergänzung
und Bereicherung unserer Speisen. Die aromatische
Säure der Johannisbeere gibt Mehl- und Süßspeisen,
aber auch Säften, Gelees und Marmeladen Charakter.
Zum Rohverzehr sind die milden weißfruchtigen Sorten
empfehlenswert.

Obwohl Quitten ausgesprochen dekorativ sind, werden sie wenig gepflanzt. Es mag daran liegen, daß sie roh nicht verzehrt werden können. Erst durch Konservieren und Einkochen erschließt sich ihr Reiz. Büsche oder Halbstämme auf schwach wachsender Unterlage brauchen wenig Platz.

Bauernhäuser findet sich gelegentlich Platz für einen Weinstock. Früher waren die geschützten Mauerplätze begehrtem Spalierobst vorbehalten.

Mit dem Buchs will ich meinen Gartenrundgang beschließen. Er findet immer Beachtung, und an ihm scheiden sich alle möglichen Geister. Geßner sagt Mitte des 16. Jahrhunderts, daß „in den meisten wohlausgestatteten Gärten Buchs gehalten" werde und „da er ständig grün und saftig ist, fällt er angenehm ins Auge". Ich finde, daß ein winterlicher Nutzgarten, auf den man tagtäglich blicken muß, durch Buchsbordüren immer noch erfreuliche Struktur hat. Aber Buchs will alljährlich geschnitten sein! Baumann, ein Wiener, rät schon Ende des 18. Jahrhunderts, statt Buchs verschiedene Kräuter zu pflanzen. Dies ist empfehlenswert, wenn man nur einen klitzekleinen Garten hat. Heutzutage ist Buchs wieder gefragt. Zu den vielen Feuchtbiotopen und Blumenwiesen in den Hausgärten, die dem zeitgemäßen „Zurück zur Natur" entsprechen, sind Buchskugeln und Eibenobelisken ein Quentchen Kontrastprogramm.

Hochstammformen von Obstgehölzen, wie dieser reichtragende Apfelbaum, fanden sich traditionell am Rande des umfriedeten Nutzgartens. Dies Bauernhaus befindet sich im Schwarzwälder Freilichtmuseum in Gutach.

Zeitgemäß gärtnern

In der zweiten Hälfte dieses Jahrhunderts hat begonnen, was man das Zeitalter der Verluste unserer Lebensgrundlagen nennen könnte. Es begann mit wachsendem Wohlstand und führte in wachsende Umweltzerstörung. Der Bauernhof entwickelte sich zu einem Agrarbetrieb, der, wenn er konkurrenzfähig und ertragreich wirtschaften wollte, sich entweder auf Viehzucht oder aber auf Ackerbau spezialisieren mußte. Die Landwirtschaft produzierte mit immer weniger Menschen immer mehr. Die Familien wurden kleiner. Selbst durch Mechanisierung wurde aber für einzelne Familienmitglieder die Arbeit mehr. Die Gesellschaft war mobil geworden und die Straßen wurden breiter. Bäuerliche Ziergärten in den Dörfern mußten den Autos weichen. (In den Städten ist heute per Verordnung dafür gesorgt worden, daß die allerletzten Vorgärten zu Autostellplätzen werden.) Städtische Lebensart wurde anziehend, das Leben in der Stadt versprach persönliche Freiheiten und mehr Freizeit. Bäuerliche Traditionen galten als altmodisch. Wenn die Kinder erwachsen und für immer in die Stadt gegangen waren, zogen die Eltern aus dem Bauernhaus in den neuen Bungalow nebenan. Eine mittlerweile verunsicherte Generation von Städtern zog und zieht in leerstehende Bauernhäuser, um alternatives Leben zu üben. Vieles ist durcheinander geraten. Die pflegende Hand der Bauersfrauen war der wichtigste ökologische Faktor, der die Pflanzen um die bäuerlichen Anwesen und das Aussehen der Dörfer bestimmte. Heutzutage arbeiten nur noch drei Prozent der Bevölkerung in der Landwirtschaft. Zukünftig wird das Erscheinungsbild der Dörfer von Nichtlandwirten, also von ehemaligen Landleuten, die in der Stadt arbeiten, wie von Stadtleuten, die auf dem Lande wohnen, bis

hin zu den Wochenendgärtnern geprägt werden.
Die allgemeine Veränderung des Lebensstils, der
Massentourismus und die Kommunikationsindu-
strie beeinflussen auch die Vorstellungen vom
Garten, machen vertraut mit neuen Techniken,
stimulieren den Konsum. Was über lange Zeit-
räume kaum denkbar war, geschah: Innerhalb
eines Jahrzehnts fanden sich auch auf bäuerlichen
Eßtischen Tomaten, Broccoli, Chinakohl. Die
Folientunnel und begehbaren Foliengewächshäu-
ser erst ermöglichten es, daß in klimatisch
benachteiligten Gebieten heiklere Gemüsesorten
wie Tomaten oder Paprika mit Erfolg kultiviert
werden konnten. Diese „Pflanzenproduktionsstät-
ten" sind praktisch, doch leider nicht ansehnlich.
Das biologische Gärtnern hat die Kompostwirt-
schaft populär werden lassen. Die Bäuerin hat ihr
Gemüse, solange sie Dung auf dem eigenen Hof
hatte, ausschließlich damit gedüngt. Küchenreste
und Gartenabfälle wurden an die Schweine ver-
füttert und nicht verkompostiert. Mit dem Zeitalter des Versandhandels begann auch eine neue
Ära der Gartenpflanzen. Marktbeherrschende
Gärtnereien und der Saathandel boten robuste
Hybridzuchten, an sich ein Fortschritt, da sie
lebenskräftiger und ertragreicher sind. Doch ein
Begleitumstand bewirkte, daß Lokalsorten verlo-
rengingen und nur noch wenige Sorten an Gemüsen und Blumen standardisiert zu finden und zu
haben waren. Es wuchsen gewissermaßen immer
die gleichen Radieschen von der Nordsee bis in
entlegenste Alpentäler.

Ein farblich raffiniertes Stelldichein: glühende Kapuzinerkresse vor den wächsern-
blauen Blättern des Meerkohls *(Crambe maritima)*.

Ökologische Gartenbetreuung

Unsere bedrohte Umwelt läßt uns begreifen, daß
wir im eigenen Garten Verantwortung tragen,
dort integrierten Pflanzenschutz und Pflege des
Bodens mit biologischen Methoden leisten müssen. Alle Maßnahmen der Gartenbetreuung, wie
Bearbeitung des Bodens, Düngung und Bewässe-
rung, ordnen sich den Erfordernissen des Bodens
unter. Fruchtbarer Boden ist locker und hat Krü-
melstruktur. Er besteht aus vielen Ton-Humus-
Komplexen, also Erdklümpchen, die von unterschiedlichen Bodenlebewesen geschaffen wurden
und in denen nützliche Bakterien und Luft gela-
gert sind. Die mechanische Bearbeitung des
Bodens, die Lockerung und Durchlüftung, hilft
den Bodenorganismen, die Ton-Humus-Komplexe
aufzubauen. Bakterien und Pilze zerlegen kompli-
zierte Kohlenstoff- und Stickstoffverbindungen.
Die Mikroflora und Bodenfauna ist vielfältig.
Unzählige Tierchen wie Milben, Vielfüßler,
Asseln, Mücken und Käfer zerkleinern, verzehren
oder scheiden Vorstufen des Humus aus, die die
Wachstumsgaranten für die Pflanzen bilden.
Letztendlich sind es die Regenwürmer, welche die
vorbereiteten mineralischen und organischen Stoffe in ihrem Darm zu stabilen Ton-Humus-Kom-
plexen binden. Der lebendige, humusreiche Ober-
boden mit all diesen aktiven Organismen ist eine
unserer Lebensgrundlagen.
Lebendige Erde zu pflegen und zu erhalten bedeutet, durch mechanische Lockerung und Pflanzen-
bewuchs die Durchlüftung des Bodens sowie Bindung des Oberflächenwassers zu gewährleisten,
vor allem aber den Bodenorganismen tierische
und pflanzliche Abfallprodukte bereitzustellen.
Die ausschließliche Verwendung tierischen Dungs,

so wie früher, ist selbst in ländlichen Gebieten
nicht mehr gewährleistet. Die unausgewogenen
Verhältnisse in der Tierhaltung, vor allem die Spe-
zialisierung auf Feldwirtschaft ohne Viehhaltung,
lassen tierischen Dung in der Nachbarschaft nicht
ohne weiteres verfügbar sein. Andererseits ist der
Dung aus Massentierhaltung häufig von minderer
Qualität.
Gründüngung, Kompostgaben und Mulchen, also
die Bodenbedeckung mit organischem Material,
sind zeitgemäße Methoden, um dem Boden
Humus zuzuführen, den Pflanzen notwendige
Nahrungsreserven zu erschließen und bereitzustellen sowie die Erosion zu stoppen.
Die Gründüngung, der Anbau spezieller Pflanzen,
dient der Verbesserung der Fruchtbarkeit des
Bodens. Schon die sogenannten „Unkräuter", alle
ohne unser Zutun sich entwickelnden Pflanzen,
sind für den Boden wichtig. Sie bieten durch
rasche Bodenbedeckung den Bodenlebewesen
Schutz, verhindern Humusschwund und Erosion.
Sie „schließen" den Boden auf und gleichen
Extreme aus. Der Gärtner kann an der sich ver-
ändernden Wildflora eine fortschreitende Gesundung des Bodens nach umsichtiger Pflege
erkennen oder aber geeignete Maßnahmen zur
Gesundung ergreifen. Auf stickstoffhaltigen
Böden wachsen häufig Brennessel, Schöllkraut,
Melde und Franzosenkraut. Auf humusarmen
Böden zeigen sich Mauerpfeffer, Acker-Schachtelhalm, Quecke, Huflattich; auf sauren Böden Sauerampfer, Hasenklee, Hundskamille. Wer sich
über Vogelmiere in Massen auf seinen Beeten
ärgert, kann eher stolz sein und sich freuen über
die gute, krümelig-humose Gartenerde. Auf sol-
chem Boden zeigen sich auch die Rote Taubnessel,
die Echte Kamille und die Brennessel.

Stroh ist vielfältig zu verwenden: als Kälteschutz, als flächiges Mulchmaterial, als Zusatz beim Kompostieren. Bei permanentem Gebrauch von Strohmulche empfiehlt sich eine zusätzliche Gabe von Hornmehl (20 Gramm pro Quadratmeter), damit der notwendige Stickstoff beim Abbau des Materials nicht dem Boden entzogen wird.

Das Erdreich der Beete läßt sich, ähnlich wie bereits im Mittelalter, durch Palisaden oder durch horizontal verlegte Rundhölzer vor dem Abschwemmen sichern. Zusätzlich können die Wirtschaftswege mit grobem Rindenholzmulch oder mit Gerberlohe bedeckt werden.

Die Vorteile einer Gründüngung sind erheblich. Sie ermöglicht, daß tiefere Bodenschichten durchwurzelt und somit durchlüftet und gelockert werden. Die verfügbaren Nährstoffe werden durch Regen nicht so schnell ausgewaschen, der Boden bleibt beschattet und wird mit organischer Substanz angereichert. Leguminosen, Hülsenfrüchtler, binden durch Knöllchenbakterien den Stickstoff. Ölrettich, Lupinen und Rotklee zum Beispiel wurzeln sehr tief. Durch die Tätigkeit der Bodenorganismen wird Kohlensäure frei, die wiederum zu vermehrtem Pflanzenwachstum stimuliert.

Die Länge der Vegetationsperiode, die unterschiedlichen Kulturzeiten und der Bodentyp bestimmen die Wahl der zur Aussaat kommenden Gründüngungspflanze. Sie kann als Vorfrucht oder als Zwischenfrucht in stehenden Kulturen verwendet werden sowie als abschließende Decke auf alle frei werdenden, abgeernteten Flächen gesät werden. Zwei bis drei Wochen vor dem Bepflanzen wird die Grünmasse abgesichelt oder ausgerissen und auf dem Boden liegengelassen. Nach dem Anwelken kann die oberste Erdschicht mit der zerkleinerten Grünmasse durchmischt werden.

Gelbsenf ist im ökologischen Garten hilfreich, er keimt und wächst rasch heran. Durch das frei werdende Senföl reguliert er nicht nur die Aktivität von Bakterien und Pilzen, er schützt stehende Kulturen auch vor Schädlingen. Ehe Gelbsenf zum Blühen kommt, sollte er ausgerissen oder heruntergeschnitten werden. Gelbsenf und Ölrettich sollten nicht vor Kohlarten gesät werden, da sie allesamt Kreuzblütler sind und durch sie die gefürchtete Krankheit Kohlhernie übertragen werden könnte. Im Handel gibt es spezielle Mischungen an Gründüngung für unterschiedliche Boden-

typen. So eignen sich für leichte Böden Buchweizen oder Lupinen, für mittelschwere bis
schwere Böden Ölrettich und Perserklee.
Selbst bereiteter Kompost ist unschätzbar! Die
klugen Gärtner kompostieren und sammeln, was
sich zunächst gar nicht verheißungsvoll aus-
nimmt: Gemüseabfall aus der Küche, Kaffeesatz
samt Filtertüten, den Inhalt des Staubsaugerbeu-
tels, sowie jegliche Gartenabfälle, die frei von
schwerwiegenden Krankheiten (Schimmel, Bakterien, Viren) sind. Selbst Papier und Pappe sind
willkommen, solange sie nicht bunt bedruckt sind
(der giftigen, kadmiumhaltigen Farben wegen).
All diese Materialien werden dann an einem möglichst windstillen, halbschattigen Gartenplatz zu
einem überdimensionalen „Schichtkuchen" ange-
richtet. Es werden jeweils 20 Zentimeter Abfall
geschichtet, danach wird sanft mit Kalkmergel
und Bentonitmehl überpudert und so fort, Schicht
um Schicht. Die Devise beim Schichten: luftig und
locker. Kohlenstoffhaltiges, trockenes Material ist
mit stickstoffhaltigem, feuchtem in ausgewoge-
nem Verhältnis aufzuschichten. Das Zerkleinern
grober Bestandteile ist hilfreich. So werden zum
Beispiel matschig-feuchte Obstreste mit saugen-
dem Papier oder mit Sägemehl, feuchter Rasen-
schnitt mit zerkleinerten Reisigteilen gemengt. Ob
nun ein Kompostsilo (etwa 1,20 Meter hoch und
1,50 Meter breit) angelegt, oder Kompostkästen,
Tonnen oder Drahtsilos verwendet werden, ist
von den individuellen Gegebenheiten abhängig zu
machen.
Organisch-mineralische Dünger und Zusatzstoffe
können gleichfalls mit eingebracht werden. Als
Maß für die Düngung gilt pro Kubikmeter Material: 3–5 Kilogramm Horn-Knochenmehl, statt
dessen auch getrockneter Rinder- oder Pferde-

dung, sowie 5–10 Kilogramm Steinmehle. Der
Zersetzungsprozeß geschieht unter genügend Sau-
erstoffzufuhr durch eine Unzahl an Pilzen und
Bakterien; während der Rotte erhöht sich die
Temperatur des Kompostes in den ersten Wochen
erheblich. Ein Heer an Doppelfüßlern, Asseln,
Milben und Fadenwürmern besorgt die Zerkleine-
rung und Vermengung. Asseln, Kerbtiere und
Regenwürmer leben von den Bestandteilen des
Kompostmaterials, sie verdauen und verändern
die Stoffe weiter. Bakterien, Pilze sowie winzige
Geißeltierchen lösen die Substanzen in Urbestand-
teile auf und gestalten sie mit den Mineralien zu
Humus um.
Schimmelbildung auf dem Kompostmaterial zeigt
meist an, daß der Komposthaufen zu trocken
gehalten wird. Zuviel Nässe hingegen verursacht
stinkende Fäulnis. Es ist aber möglich, die Rotte
durch Zusätze zu beschleunigen, um uner-
wünschte Fäulnis zu verhindern. Dies wird entweder durch die Zugabe von Kalkstickstoff erreicht
oder durch sogenannte Kompostbeschleuniger,
Präparate aus lebenden Spezialerden, die mit Pilz-
geflechten, Nährstoffen und Kräuterauszügen
versetzt sind. Verfügt man bereits über einen aus-
gereiften Kompost, kann später das neu aufge-
schichtete Material damit „geimpft" werden, um
die Rotte zu beschleunigen. Der Prozeß ist been-
det, wenn die Substanzen sich dunkel-krümelig
geben und nach Walderde duften. Dieser aus
pflanzlichen Rückständen und tierischen Aus-
scheidungen gewonnene Humus aktiviert das
Bodenleben und stabilisiert die Bodenstruktur,
weil Sandböden bindiger und schwere Böden besser durchlüftet werden. Reifekompost liefert
Nachschub an pflanzenverfügbaren Humusstof-
fen; er eignet sich hervorragend zur Düngung von

Tierischer Dung ist fürs Federvieh verlockend genug. Gepflegt und abgelagert, ist er eine wertvolle Nährstoffquelle für Gemüse und Obst.

Gartenpflanzen. So schließt sich ein Kreislauf. Die Mulchschicht schließlich soll nährende Stoffe zurückhalten. Laub und Verwelktes werden nicht mehr abgetragen, sondern liegengelassen. Die Umwandlung abgestoßener organischer Stoffe vollzieht sich an Ort und Stelle. So wird neuerdings, bevorzugt in Gemüsekulturen, diese Flächenkompostierung angewendet und dabei der natürliche Prozeß nachgeahmt. Das Material soll nicht untergegraben, sondern wie die Kompostgaben nur oberflächlich mit Erde vermengt werden. Als Modell für die Flächenkompostierung dient die Rotte im Mischwald. Durch das Mulchen allgemein entsteht eine wachstumsfördernde Kohlensäure-Atmosphäre, eine natürliche Schattengare. Die Mulchschicht schützt den Boden, ähnlich wie eine lebende Pflanzendecke, vor Verdunstung und Erosion. Ein angenehmer Begleitumstand des Mulchens ist die verminderte Jätarbeit. Sobald sich der Boden erwärmt hat und Sämlinge heranwachsen, läßt sich die Erde um sie herum abdecken.

Gründüngung, Kompostgaben, Mulchen und gelegentliche Güsse von Pflanzenjauchen machen den Zusatz von Kunstdünger überflüssig. Sie bilden das Grundgerüst einer ökologischen Gartenbetreuung.

Pflanzenkombinationen gegen Schädlinge

Die Mischkultur, das enge Beieinander unterschiedlicher Pflanzen, ist typisch für den Bauerngarten. Die fördernden und hemmenden Wirkungen, die Pflanzen aufeinander haben, zu erkunden, ist ein Feld, auf dem es noch vieles zu erforschen gibt. Das simple Wissen, das die Bäuerinnen sich durch Erfahrung erwarben, ist ein

Durch Mischkultur ist es möglich, auf kleiner Fläche gleiche Gemüse in kürzeren Zeitintervallen anzubauen. Das ausgeklügelte Miteinander von Sellerie, Schwarzwurzeln, Zwiebeln und Möhren vermindert die Übertragung von Krankheiten und Schädlingsbefall.

Anfang. Die Kombination von Möhren und Zwiebeln, bei der die Schädlinge beider Pflanzen vergrämt werden, ist schon klassisch zu nennen. Manche präventive Schädlingsbekämpfung wurde unbewußt durch die Bäuerinnen geleistet und entstand ja einfach durch die Pflanzenkombination, die sich zufällig ergab, wie etwa Knoblauch und Lavendel den Rosen beigesellt einen Blattlausbefall verhindern soll. Kamille, Ringelblumen, Senf und Knoblauch gelten beim biologischen Gärtnern gewissermaßen als Allheilmittel, die die Mikroorganismen im Boden zu stimulieren vermögen und damit wiederum anderen Pflanzen helfen. Manchmal bestätigt die Wissenschaft bestimmte Erfahrungen wie zum Beispiel die insektizide Wirkung der Studentenblumen, die den Bodenälchen (Nematoden) das Leben sauer werden lassen.

Die Erfahrung, daß pflanzliche Wirkstoffe nicht nur für den Menschen, sondern auch für Pflanzen heilsam sind, eröffnet die Möglichkeit, Pflanzen so zu fördern, daß sie Pilzinfektionen besser standhalten können und Schadinsekten weitgehend abgewehrt werden. Es ist eine Herausforderung für die gartenbauliche Forschung, die Allelopathie, die gegenseitige Wirkung der Pflanzen aufeinander, nutzbar zu machen, um Kulturpflanzen zu schützen und weniger umweltbelastend anzubauen. Alle bisher gemachten Erfahrungen über die Wirkungsweisen pflanzlicher Drogen auf lebende Pflanzenorganismen ermuntern, mit Versuchen fortzufahren. Auch die förderliche Lebensgemeinschaft zwischen Wurzeln und Pilzen *(Mykorrhiza)*, die zum Beispiel das Gedeihen heimischer Orchideen ermöglicht, bietet Anreiz zu untersuchen, wieweit sie für den Gartenbau bedeutsam werden könnte.

Die Ringelblume (*Calendula officinalis*, oben) ist eine uralte Heilpflanze. Ihre Wirkstoffe wurden geschätzt, um Magenbeschwerden und allerart Wunden zu heilen. Neuerdings werden die Blütenblätter wieder als Safranersatz in der Küche verwendet.

Der strenge Geruch der Studentenblumen (*Tagetes-Hybriden*, rechts), der früher von vielen geschmäht wurde, ist in der modernen Sortenvielfalt beinahe abhanden gekommen. Die rotbraunen und gelben Blumen erblühen den ganzen Sommer über. Und die attestierte Wirkung gegen Bodennematoden erhöht den Wert der Blume für den Gärtner.

So ist zum Beispiel erprobt, daß die schweflig-
ätherischen Öle der Lauchgewächse antibiotisch
wirken und zur Schadpilzabwehr taugen. Dies
bewirkt auch die Kieselsäure im Schachtelhalm,
die stärkend auf die äußeren Zellen der Kulturpflanzen einwirkt, vorausgesetzt, daß sie regelmäßig gespritzt wird (in zwei- bis dreiwöchentlichen
Intervallen). Wermut als Tee hilft vorbeugend den
Johannisbeerrost abzuwehren. Tee von Meer-
rettichblättern und geraspelten Wurzeln (500
Gramm auf 1 Liter Wasser; nach halbstündigem
Ziehen wird die Brühe mit Wasser im Verhältnis
eins zu fünf verdünnt) soll, vorbeugend in die
offenen Blüten der Schattenmorelle gespritzt, den
Befall durch Monilia-Pilze verhindern. Verdünnte
Jauchen von Beinwell, Brennessel, Schachtelhalm
(eins zu zehn verdünnt) stärken allgemein das
Wachstum der Pflanzen. Kohlblätter eins zu eins
mit Brennessel gemengt und verjaucht, sollen das
Anwachsen und die gute Entwicklung von Setzlin-
gen gewährleisten. Als Faustregel für derartige
Jauchen gilt, daß 1 Kilogramm frische Blätter
oder 150 Gramm getrocknetes Kraut auf 10 Liter
Wasser berechnet werden. Die Jauche sollte nicht
in Metallgefäßen angesetzt werden. An sonnigem
Ort gärt die Mischung zu schnell. Nach zwei bis
drei Wochen heftiger Schaumbildung durch mehr-
maliges Aufrühren ist der Gärprozeß meist been-
det und die Jauche zu verwenden. Unangenehme
Gerüche können durch Baldrianblüten-Extrakt
gebunden werden.
Dem Rainfarn wird besondere insektizide Wirkung bescheinigt. Seine teilweise giftigen Inhalts-
stoffe werden vor allem gegen Milben und Blatt-
läuse eingesetzt. Die Oxalsäure im Rhabarber soll
gegen die Lauchmotte wirken (1 Pfund Blätter mit
3 Liter Wasser überbrühen; nach viertelstündigem

Die Riesenblätter des Rhabarbers verdunsten viel Wasser. Er schätzt daher eher schwer-feuchte Böden und zusätzliches Mulchen mit Laub und Mist. Rhabarber sollte nur bis Ende Juni geerntet werden.

Ziehen wird die Brühe unverdünnt verspritzt).
Ausgebrochene Triebe und Blätter von Tomaten
als Kaltwasserauszug lassen Kohlweißlinge auf
Abstand gehen. Wermut-Brühe hält Läuse von
Pflanzen fern.
Die Kräuterweiblein-Weisheit, daß Majoran die
Ameisen und Lavendel, Eberraute und Heiligenkraut die Motten abwehren, daß Holunder- und
Walnußblätter Fliegen fernhalten, wird heute wieder ernst genommen. Es wäre interessant, weiteres
traditionelles Wissen erneut zu erproben, zum
Beispiel daß die Exhalate, die Ausdünstung ätherischer Öle von Kamille und Lavendel, ganz allgemein andere Pflanzen begünstigen oder daß etwa
die Weinraute und der Rainfarn andere Pflanzen
in der Entwicklung behindern sollen.
Gegen Raupenfraß, Dickmaulrüßler oder Trauer-
mückenlarven durch Bazillen und Nematoden
anzugehen, eröffnet eine neuartige Weise umwelt-
schonender Schädlingsbekämpfung. Darüber hinaus helfen die aktive Förderung von Nützlingen
im Garten-Lebensraum, der Fruchtwechsel wie
die Mischkultur im Anbau mit, den Befall von
Schädlingen und Krankheiten zu mindern.

Gärtnern in Stadt und Land

Es gibt heutzutage sehr viel mehr Gartenbesitzer
als noch vor wenigen Jahrzehnten. Den Städtern
wird vorgeworfen, wenig Neigung zum Gärtnern
und durch ihre Vorlieben lediglich vorstädtische
Gartengepflogenheiten aufs Land gebracht zu
haben. Die Leute, die unsere Gartenkultur hoch-
halten, gärtnern in der Stadt wie auf dem Lande.
Eines aber unterscheidet die Städter von den
Landleuten, ihre Gärten sind immer auch Wohn-
und Lebensraum. Womit ich aber nicht meine,

In der Nähe menschlicher Siedlungen gedieh Holunder
von jeher gut. Er profitiert vom Abfall, der ihm den
Stickstoff garantiert. Holunderblüten und -beeren
wurden von alters her zu Limonaden und Säften
verarbeitet. In der Volksmedizin werden die Blätter, die
auch Fliegen fernhalten sollen, und die Früchte zur
Bekämpfung von Erkältungskrankheiten gebraucht.

daß den Bauern nicht vergönnt sei, sich in ihrer
Freizeit im Garten zu erholen. Landleben ist zur
Zeit sehr gefragt. Es ist aber sinnvoll und wichtig,
die Städte und die Gärten in den Städten so zu
gestalten, daß sie menschlicher und erholsamer
werden. Heißt es nicht, der Weg zur Gesundheit
führt durch den Garten?
Bauerngärten werden von Garteninteressierten
geschätzt, die naturnah gärtnern wollen. Die For-
derungen des Naturschutzes, heimische Pflanzen
im Garten zu verwenden, lassen beinahe vergessen, daß Kulturpflanzen als erhaltenswertes
Kulturgut mindestens so bedroht sind wie Wild-
pflanzen. Was sich seit Hunderten von Jahren im
Garten bewährt hat, ist gerüstet gegen rauhes
Klima und Schädlinge!
Die meisten Pflanzen bäuerlicher Gärten wachsen
auch in der Stadt. Ich finde es durchaus denkbar,
daß es viel mehr Gärten in der Stadt geben kann,
in denen Gemüse, Kräuter und Blumen nach Bau-
erngartenart wachsen, Gärten, in denen Nützli-
ches wie Ornamentales in einfachem Formenra-
ster zwanglos dargeboten wird.
In den heutigen, klein gewordenen Gärten gewinnen Formschnitt-Gehölze erneut an Bedeutung.
Eiben und Buchs, kunstvoll beschnitten, sind auch
im verzierten Nutzgarten reizvoll. Das Erziehen
und Trimmen erfordert aber etwas Geduld und
Zeit. Buchs und Eibe wachsen schneller als es
zunächst den Anschein hat. Es sind nur die ersten
zwei bis drei Jahre nach der Pflanzung, in denen
sich der Gärtner über zu wenig Zuwachs beklagt.
Auch stark beschnittene Sommerlinden eignen
sich, dem Garten Struktur zu geben. In Belgien
und den Niederlanden sieht man häufiger jene
flach gezogenen, an Spanndrähten und Holzrah-
men befestigten Linden. Der strenge Formschnitt

Die Bordüren, das Rondell, die formierten Buchsspiralen und die Hainbuchen-
Laube in diesem westfälischen Garten sind Zitate des barocken Gartens. Der
Formschnitt von Buchs und Eiben fand besonders dort Nachahmung, wo niederlän-
dische Gartenkultur Stil und Anbauweisen beeinflußten.

Die Blüten von Myrten- und Glattblattastern, Dahlien sowie die arrangierten Gartenfrüchte bekräftigen, wie überquellend dieser Bauerngarten im Oldenburgischen Münsterland in den Wochen von September bis Oktober seinen Reichtum darbietet.

erbringt kandelaberartige Wuchsbilder.

Wer genügend Gartenraum hat, kann seinem Nutzgarten ein Obstquartier angliedern. Hochstämme und Halbstämme von Obstbäumen werden allerdings für die heutigen Gärten als zu groß erachtet. Besonders in den kleinen Nutzgärten kommen daher die in Vergessenheit geratenen Kleinobststämme zu neuen Ehren. Je schwächer die Unterlagen dieser Bäume wachsen, desto geringer ist der Platzbedarf im Garten. Schutzbedürftige Birnen- und Steinobstarten können als Spalier an sonniger Hauswand, Äpfel freistehend am Spalier, als Fächer, Kordon oder Säule, gezogen werden. Diese Obstbaumminis können als reizvolle gliedernde Elemente im Nutzgarten verwendet werden, zusammen mit den Gemüsen und Zierpflanzen, da sie diese kaum beschatten.

Ist Ihr Garten auf dem Lande, dann sollten Sie vor allem eines aufbringen: Geduld mit sich selbst und Ihrer Umgebung. Versuchen Sie sich zu informieren, denn wer lokale bäuerliche Tradition lebendig erhalten will, muß möglichst viel über sie wissen. Sehen Sie sich die Dinge und Materialien genau an, die Ihrer näheren Umgebung unverwechselbaren regionalen Charakter gegeben haben. Schließlich soll Ihr Garten doch ins gewachsene Dorf passen! Lebendige Gartenkultur will erarbeitet sein. Der Bauerngarten darf nicht zu einem musealen Relikt mit verbindlicher Rezeptur werden, denn schließlich ist er auch Ausdruck unserer Bedürfnisse und unseres gegenwärtigen Lebens. Veränderungen sind etwas Lebendiges. Wo immer Ihr Garten auch sein mag, wichtig ist, daß der Garten als Organismus betrachtet wird, der dem Leben verpflichtet sein sollte, und als Raum, in dem wir unserer Lebensfreude Ausdruck geben können.

Das Birnenspalier an der Fassade dieses hochgelegenen Bauernhauses in St. Märgen profitiert vom günstigen Kleinklima: Die Blüte ist vor Spätfrösten geschützt, und die Früchte können so besser ausreifen.

Die Lust am Würzen, an den vielfältigen Aromen und Düften ist in unseren Landen eine kulturelle Neuerung. Nur wer kulinarisch herumgekommen ist, der trachtet danach, liebgewordene Kräuter im eigenen Garten zu ziehen.

Zucchini, die zarten Speisekürbisse, stammen aus Amerika. Den Italienern ver-
danken wir das Wissen, mit Blüten wie Früchten kulinarisch umzugehen. Zucchini-
Pflanzen sind wärmebedürftig.

Auch in ländlichen Gärten halten neue, bisher
unbekannte Gemüse Einzug: Knollenfenchel, Broccoli
aus Italien oder neue Sorten an Speisekürbissen aus den
USA. Vielfalt ist Trumpf!

Der Juli schenkt farbkräftige Früchte und Blüten: Johannisbeeren, Himbeeren, Kirschen und für die köstliche Blütenküche neugezüchtete Taglilien-Hybriden.

Rotkohl gehört zu den ältesten Kulturpflanzen, die von Hildegard von Bingen im
12. Jahrhundert erwähnt werden. Heutige Feinschmecker schätzen besonders die

kleinen Köpfe, weil sie bekömmlicher und zarter sind, besonders wenn Rotkohl zu Krautsalat verarbeitet wird.

Empfohlene Pflanzen im Bauerngarten

Wenn Sie Ihren Hausgarten als „Bauerngarten"
nutzen wollen, weil er sich als solcher gut in eine
ländliche Umgebung fügt, werden nachfolgende
Listen hilfreich sein. Selbst wenn Sie lediglich eine
robuste Unterpflanzung für ein etabliertes Rosen-
beet im Vorgarten suchen oder vorhaben, ein duf-
tendes Kräuterbeet im Gemüsegarten anzulegen
oder eine Blumenbordüre mit Stauden zu ergänzen – auch dafür sind die Listen gedacht. Wer es
aus verschiedenen Gründen nicht mehr in den
Pflanzwochen des Frühjahrs oder Herbstes
geschafft hat, dauerhafte Pflanzen in die Erde zu
graben, kann die genannten Annuellen auf dem
zur Verfügung stehenden Platz einen Sommer lang
blühend genießen. Außerdem eignen sich Som-
merblumen für Anfänger unter den Gärtnern,
damit sie ihre ersten Erfahrungen im Umgang mit
Pflanzen sammeln können. Die genannten Stauden sind, wie es sich für Bauerngartenblumen
gehört, winterhart und robust. Die seltenen Sorten dieser Blütenstauden finden Sie in den deutschen Staudengärtnereien.

Die spektakulären Rittersporn-Hybriden vor dem
schmucken bayerischen Bauernhaus haben mit der 1613
gezeigten Wolfs-Wurtz im berühmten Werk „Hortus
Eystettensis" nur wenig gemein. Heutige Rittersporne
sind anspruchsvoll geworden und wollen möglichst auf-
gebunden werden. Unkompliziert und somit willkommen sollte im Bauerngarten der einjährige
Rittersporn *(Consolida ajacis)* sein, der sich meist selbst
aussät.

Einjährige Sommerblumen (Annuellen)

Balsamine *Impatiens balsamina*
Bechermalve *Lavatera trimestris*
Fuchsschwanz *Amaranthus caudatus*
Jungfer im Grünen *Nigella damascena*
Kapuzinerkresse *Tropaeolum majus*
Levkoje *Matthiola incana*
Löwenmaul *Antirrhinum majus*
Reseda *Reseda odorata*
Ringelblume *Calendula officinalis*
Einjähriger Rittersporn *Delphinium ajacis*
Schmuckkörbchen *Cosmos bipinnatus*
Sommeraster *Callistephus chinensis*
Strohblume *Helichrysum bracteatum*
Studentenblume *Tagetes patula*
Wicke *Lathyrus odoratus*
Zinnie *Zinnia elegans*

Zweijährige Blumen

Bartnelke *Dianthus barbatus*
Fingerhut *Digitalis purpurea*
Goldlack *Cheiranthus cheiri*
Judassilberling *Lunaria annua*
Königskerze *Verbascum densiflorum*
Marienglockenblume *Campanula medium*
Maßliebchen *Bellis perennis*
Nachtviole *Hesperis matronalis*
Stiefmütterchen *Viola tricolor-Hybriden*
Stockrosen *Althaea rosea*
Vergißmeinnicht *Myosotis alpestris*

Ausdauernde Blütenstauden für den Bauerngarten

Akelei *Aquilegia alpina u. A. vulgaris-Hybriden,*
besonders kurz gespornte Arten
Alant *Inula helenium*
Aurikel *Primula x pubescens*
Bandgras *Phalaris arundinacea*
Brennende Liebe *Lychnis chalcedonica*
Christrose *Helleborus niger*
Dahlie *Dahlia-Hybriden*
Eibisch *Althaea officinalis*
Eisenhut *Aconitum napellus*
Fetthenne *Sedum spectabile*
Gänsekresse *Arabis caucasica*
Gemswurz *Doronicum caucasicum*
Goldrute *Solidago virgaurea*
Hauswurz *Sempervivum-Arten*
Herbstaster *Aster novi-belgii*
Hyazinthe *Hyacinthus orientalis*
Kaiserkrone *Fritillaria imperialis*
Krokus *Crocus-Arten*
Küchenschelle *Pulsatilla vulgaris*
Lampionblume *Physalis alkekengi*
Leberblümchen *Hepatica nobilis*
Lichtnelke *Lychnis coronaria*
Lilien:
– Feuerlilie *Lilium bulbiferum*
– Königslilie *Lilium regale*
– Madonnenlilie *Lilium candidum*
– Tigerlilie *Lilium tigrinum*
– Türkenbund *Lilium martagon*
Lupine *Lupinus polyphyllus*
Märzbecher *Leucojum vernum*
Maiglöckchen *Convallaria majalis*
Margerite *Chrysanthemum leucanthemum*
Mauerpfeffer *Sedum acre*
Milchstern *Ornithogalum-Arten*

Vor diesem schlichten Bauernhaus in Murnau blühen alte Favoriten: süß duftende Indianernesseln (Monarden) sowie Phlox, Stockmalven, Lupinen, Ringelblumen und Löwenmäulchen.

Monarde *Monarda didyma*
Montbretie *Crocosmia x crocosmiiflora*
Mutterkraut *Chrysanthemum parthenium*
Narzissen:
– Dichternarzisse *Narcissus poeticus*
– Osterglocke *Narcissus pseudonarcissus*
Nelken:
– Edelnelken *Dianthus caryophyllus*
– Federnelke *Dianthus plumarius*
– Heidenelke *Dianthus deltoides*
– Kartäusernelke *Dianthus carthusianorum*
– Pfingstnelke *Dianthus gratianopolitanus*
Orientmohn *Papaver orientale*
Pfingstrose *Paeonia officinalis in Sorten,
Paeonia-lactiflora-Hybriden*
Phlox *Phlox paniculata*
Primeln:
– Kissenprimeln *Primula-Juliae-Hybriden*
– Primeln (Polyanthen) *Primula-Elatior-Hybriden*
Purpurglöckchen *Heuchera sanguinea*
Rittersporn *Delphinium-Hybriden*
Schachbrettblume *Fritillaria meleagris*
Schafgarbe:
– Hemdknöpfl *Achillea ptarmica flore
plenum*
– Schafgarbe, Gelbe *Achillea filipendulina*
Schneeglöckchen *Galanthus nivalis*
Sonnenbraut *Helenium-Hybriden*
Sonnenhut *Rudbeckia fulgida, Rudbeckia
laciniata*
Staudensonnenblume *Helianthus decapetalus*
Steinbrech (Porzellanblümchen) *Saxifraga
umbrosa*
Schwertlilie *Iris germanica Barbata-Elatior*
Taglilie *Hemerocallis-Hybriden*
Tränendes Herz *Dicentra spectabilis*
Traubenhyazinthe *Muscari armeniacum*

Tulpen:
– Garten-Tulpen in Sorten
– Wildtulpen *Tulipa didieri, Tulipa gesneriana,*
Tulipa grengiolensis, Tulipa sylvestris
Veilchen:
– Hornveilchen *Viola cornuta*
– Märzveilchen *Viola odorata*
Wurmfarn *Dryopteris filix-mas*

Kulturhistorisch bemerkenswerte Stauden und Kräuter

Andorn *Marrubium vulgare*
Balsam-Marienblatt *Chrysanthemum balsamita*
Barbarakraut *Barbarea vulgaris*
Beinwell *Symphytum officinale*
Bockshornklee *Trigonella foenum-graecum*
Engelwurz *Angelica archangelica*
Färberwaid *Isatis tinctoria*
Muskatellersalbei *Salvia sclarea*
Nieswurz, Grüne *Helleborus viridis*
Rainfarn, Krausblättriger *Tanacetum vulgare*
'*Crispum*'
Weberkarde *Dipsacus sativus*
Weinraute *Ruta graveolens*

Das Hügelbeet, eine Neuerung der sechziger Jahre, ist eine weiterentwickelte Idee des Anthroposophen Rudolf Steiner. Es läßt beim Abbau von organischem Material die freiwerdende Wärme und die Nährstoffe dem heranwachsenden Gemüse zugute

kommen. Das gezeigte Hügelbeet ist besonders dekorativ durch die geschickte Kombination verschiedener Blattformen und Farben.

Wildstauden und -kräuter

Baldrian *Valeriana officinalis*
Buschwindröschen, Gefülltes *Anemone nemorosa 'Alba Plena'*
Diptam *Dictamnus albus*
Edeldistel *Eryngium alpinum*
Frauenmantel *Alchemilla mollis*
Gedenkemein *Omphalodes cappadocica*
Geißbart *Aruncus sylvestris*
Glockenblumen:
Campanula glomerata, Campanula persicifolia, Campanula grandis, Campanula poscharskyana
Günsel *Ajuga reptans*
Haselwurz *Asarum europaeum*
Hornkraut *Cerastium tomentosum*
Jakobsleiter *Polemonium caeruleum*
Lungenkraut: *Pulmonaria angustifolia, Pulmonaria officinalis, Pulmonaria saccharata*
Mädesüß *Filipendula ulmaria 'Plena'*
Nelkenwurz *Geum chiloense*
Salbei: *Salvia nemorosa, Salvia pratensis*
Storchschnabel: *Geranium phaeum, Geranium platypetalum, Geranium pratense 'Plena', Geranium sylvaticum*

Küchen- und Gewürzkräuter

Basilikum *Ocimum basilicum*
Beifuß *Artemisia vulgaris*
Bohnenkraut *Satureja hortensis,*
Satureja montana
Borretsch *Borago officinalis*
Dill *Anethum graveolens*
Estragon *Artemisia dracunculus*
Fenchel *Foeniculum vulgare*
Kerbel *Anthriscus cerefolium*
Knoblauch *Allium sativum*
Koriander *Coriandrum sativum*
Liebstöckel *Levisticum officinale*
Majoran *Majorana hortensis*
Meerrettich *Armoracia rusticana*
Melisse *Melissa officinalis*
Oregano *Origanum vulgare 'Compactum'*
Pfefferminze *Mentha x piperita*
Pimpinelle *Sanguisorba minor*
Rosmarin *Rosmarinus officinalis*
Salbei *Salvia officinalis*
Schnittlauch *Allium schoenoprasum*
Thymian *Thymus vulgaris*
Wermut *Artemisia absinthium*
Ysop *Hyssopus officinalis*

Aromatische, duftende Pflanzen

Bärwurz oder Augenwurz *Meum athamanticum*
Eberraute *Artemisia abrotanum*
Heiligenkraut *Santolina chamaecyparissus*
Lavendel *Lavandula angustifolia,*
Chamaemelum nobile
Römische Kamille (Poleyminze) *Mentha pulegium*
Süßdolde *Myrrhis odorata*

Gehölze im Bauerngarten

Buchs *Buxus sempervirens*
Efeu *Hedera helix*
Eibe *Taxus baccata*
Flieder *Syringa-vulgaris-Hybriden*
Haselnuß *Corylus avellana*
Holunder, Schwarzer *Sambucus nigra*
Jelängerjelieber *Lonicera caprifolium,*
Lonicera periclymenum
Kornelkirsche *Cornus mas*
Lebensbaum *Thuja occidentalis*
Sadebaum *Juniperus sabina*
Stechpalme *Ilex aquifolia*
Wein *Vitis vinifera*

Die wichtigsten Gemüsearten

Blumenkohl *Brassica oleracea var. botrytis*
Bohne *Phaseolus vulgaris*
Endivie *Cichorium endivia*
Erbse *Pisum sativum*
Feuerbohne *Phaseolus coccineus*
Gurke *Cucumis sativus*
Karotte, Möhre *Daucus carota ssp. sativus*
Kartoffel *Solanum tuberosum*
Kohl, einschließlich verschiedener Kohlformen
Brassica oleracea var. capitata
Kohlrabi *Brassica oleracea var. gongylodes*
Kopfsalat *Lactuca sativa*
Lauch *Allium porrum*
Mangold *Beta vulgaris*
Puffbohne *Vicia faba*
Rettich (Radieschen) *Raphanus sativus*
Rote Bete *Beta vulgaris*
Schwarzwurzel *Scorzonera hispanica*
Sellerie *Apium graveolens*
Spinat *Spinacia oleracea*
Spargel *Asparagus officinalis*
Tomate *Lycopersicon lycopersicum*
Zwiebel *Allium cepa*

Heute begehrte Dekorationsobjekte, waren solche bodenlosen Tontöpfe mit Deckeln besonders im vorigen Jahrhundert in England geschätzt, um Rhabarber und Meerkohl zu überstülpen und zu bleichen. Hierzulande war diese Methode des Bleichens weitgehend unbekannt.

Das enge Beieinander von Blumen, Kräutern und Gemüse im traditionellen Bauerngarten entspricht heutiger Mischkultur. Durch unterschiedliche Vegetationszeiten, Erntetermine sowie erneute Aussaaten ist es möglich, den Boden stets bedeckt und biologisch aktiv zu halten.

Register

Acker-Schachtelhalm *Equisetum arvense* 77
Akelei *Aquilegia* 109
Alant *Inula helenium* 58, 109
Amarant (Fuchsschwanz) *Amaranthus caudatus* 13, 40, 108
Andorn *Marrubium vulgare* 113
Anis *Pimpinella anisum* 34
Apfelbaum *Malus* **71**, 96
Artischocke *Cynara* 42
Augenwurz (Bärwurz) *Meum athamanticum* 118
Aurikel *Primula x pubescens* 23, 50, 55, 109

Bärwurz (Augenwurz) *Meum athamanticum* 118
Baldrian *Valeriana officinalis* 88, 116
Balsamine *Impatiens balsamina* 108
Balsam-Marienblatt *Chrysanthemum balsamita* 42, 113
Bandgras *Phalaris arundinacea* 109
Barbarakraut *Barbarea vulgaris* 113
Bartnelke *Dianthus barbatus* 58, 108
Basilikum *Ocimum basilicum* 117
Bauernrose 50
Bechermalve *Lavatera trimestris* 108
Beifuß *Artemisia vulgaris* 117
Beinwell *Symphytum officinale* 47, 88, 113
Bergbohnenkraut *Satureja montana* 44, 117
Birnbaum *Pyrus* 96, 97
Blumenkohl *Brassica oleracea var. botrytis* 119
Bockshornklee *Trigonella foenumgraecum* 14, 113
Bohne *Phaseolus vulgaris* 38, 119
Bohnenkraut *Satureja hortensis* 44, 117
Borretsch *Borago officinalis* 44, **45, 48/49, 56/57**, 117
Bourbonrose *Rosa x borboniana* 54
Bowles-Veilchen *Viola nigra* 64

Brennende Liebe *Lychnis chalcedonica* 109
Brennessel *Urtica* 77, 88
Broccoli *Brassica oleracea var. italica* 73, **102**
Brombeere *Rubus* 65
Buchs *Buxus sempervirens* **31**, 39, 70, 92, **93**, 118
Buchweizen *Fagopyrum* 81
Buschwindröschen, Gefülltes *Anemone nemorosa 'Alba Plena'* 116

Chinakohl *Brassica rapa* 73
Chinesernelke *Dianthus chinensis* 58
Christrose *Helleborus niger* 109
Chrysanthemen *Chrysanthemum* 38, 62

Dahlie *Dahlia* **29, 48/49**, 62, **66/67, 94/95**, 109
Damascena-Rose *Rosa x damascena* 54
Dichternarzisse *Narcissus poeticus* 112
Dill *Anethum graveolens* 44, 117
Diptam *Dictamnus albus* 116

Eberraute *Artemisia abrotanum* 42, 90, 118
Edeldistel *Eryngium alpinum* 116
Edelnelke *Dianthus caryophyllus* 112
Efeu *Hedera helix* 65, 118
Eibe *Taxus baccata* 65, 92, **93**, 118
Eibisch *Althaea officinalis* 55, 109
Eisenhut *Aconitum napellus* 109
Endivie *Cichorium endivia* 34, 40, 119
Engelwurz *Angelica archangelica* 113
Erbse *Pisum sativum* 10, 38, 119
Erdbeere *Fragaria* 40
Eßkastanie *Castanea sativa* 14
Estragon *Artemisia dracunculus* 11, 44

Färberwaid *Isatis tinctoria* 113
Federnelke *Dianthus plumarius* 112

Feige *Ficus* 14
Fenchel *Foeniculum vulgare* 44,
  56/57, 102, 117
Fetthenne *Sedum spectabile* 109
Feuerbohne *Phaseolus coccineus*
  23, 119
Feuerlilie *Lilium bulbiferum* **52**,
  55, 109
Fingerhut *Digitalis purpurea* **52**,
  65, 108
Flieder *Syringa vulgaris*-Hybriden
  23, 65, 118
Franzosenkraut *Galinsoga parvi-
  flora* 77
Frauenmantel *Alchemilla mollis*
  116
Fuchsie *Fuchsia* 58
Fuchsschwanz *Amaranthus cauda-
  tus* 13, 40, 108

Gänsekresse *Arabis caucasica* 109
Gartenmelde *Atriplex hortensis*
  13, 40
Gedenkemein *Omphalodes cappa-
  docica* 116
Geißbart *Aruncus sylvestris* 116
Geißblatt *Lonicera* 65
Gelbsenf *Sinapis* 80
Gemswurz *Doronicum caucasicum*
  58, 109
Glattblattaster *Aster novi-belgii* **94**
Glockenblume *Campanula glome-
  rata, Campanula persicifolia,
  Campanula grandis, Campanu-
  la poscharskyana* 39, 65, 116
Goldlack *Cheiranthus cheiri* 64,
  108
Goldmohn *Eschscholzia* 62
Goldrute *Solidago virgaurea* 65,
  109
Grünkohl *Brassica oleracea var.
  sabellica* 40
Günsel *Ajuga reptans* 116
Gurke *Cucumis sativus* **29**, 34, 119
Guter Heinrich *Chenopodium bo-
  nus-henricus* 40

Hahnenfuß *Ranunculus* 65
Haselnuß *Corylus avellana* 118
Haselwurz *Asarum europaeum*
  116
Hasenklee *Trifolium arvense* 77

Hauswurz *Sempervivum* 109
Heidenelke *Dianthus deltoides* 112
Heiligenkraut *Santolina chamaecy-
  parissus* 90, 118
Hemdknöpfl *Achillea ptarmica flo-
  re plenum* 112
Herbstaster *Aster novi-belgii* 62,
  94/95, 109
Herbstzeitlose *Colchicum autum-
  nale* 39
Himbeere *Rubus* 65, **103**
Holunder, Schwarzer *Sambucus ni-
  gra* 90, **91**, 118
Hornkraut *Cerastium tomentosum*
  116
Hornveilchen *Viola cornuta* 64,
  113
Huflattich *Tussilago* 14, 77
Hundskamille *Anthemis* 77
Hyazinthe *Hyacinthus orientalis*
  23, 50, 109

Jakobsleiter *Polemonium caeru-
  leum* 116
Jelängerjelieber *Lonicera caprifoli-
  um, Lonicera periclymenum*
  118
Johannisbeere *Ribes* 65, **68, 103**
Judassilberling *Lunaria annua* 108
Judenkirsche *Prunus* 46
Jungfer im Grünen *Nigella dama-
  scena* 44, **63**, 108

Kaiserkrone *Fritillaria imperialis*
  23, 50, 109
Kamille, Echte *Chamomilla recuti-
  ta* **36/37**, 77, 86, 90,
Kamille, Römische (Poleyminze)
  Mentha pulegium 118
Kapuzinerkresse *Tropaeolum ma-
  jus* 62, **66/67, 74/75**, 108
Karotte, Möhre *Daucus carota*
  ssp. *sativus* 119
Kartäusernelke *Dianthus carthusi-
  anorum* 112
Kartoffel *Solanum tuberosum* 23,
  39, 119
Kerbel *Anthriscus cerefolium* 117
Kermesbeere *Phytolacca* 46
Kirsche *Prunus* **103**
Kissenprimel *Primula Juliae*-Hy-
  briden 112

Klatschmohn *Papaver rhoeas* 38, 39
Klette 14
Kletterrose 'Alchymist' 7
Knoblauch *Allium sativum* 34, 40, 41, 86, 117
Königskerze *Verbascum densiflorum* 65, 108
Königslilie *Lilium regale* 55, 109
Kohl, einschließlich verschiedener Kohlformen *Brassica oleracea var. capitata* 34, 39, 62, 88, 119, 120
Kohlrabi *Brassica oleracea var. gongylodes* 34, 114/115, 119
Konifere 62
Kopfsalat *Lactuca sativa* 34, 119
Koriander *Coriandrum sativum* 34, 117
Kornblume *Centaurea cyanus* 39
Kornelkirsche *Cornus mas* 65, 118
Krauseminze *Mentha crispa* 42
Kresse *Lepidium sativum* 40
Krokus *Crocus* 109
Kuckuckslichtnelke 39
Küchenschelle *Pulsatilla vulgaris* 109
Kümmel *Carum* 34
Kürbis *Cucurbita* 23

Lampionblume *Physalis alkekengi* 46, 109
Landnelke *Dianthus caryophyllus* 58
Lauch *Allium porrum* 19, 119
Lavendel *Lavandula angustifolia, Chamaemelum nobile* 16, 42, 43, 60/61, 86, 90, 118
Lebensbaum *Thuja occidentalis* 65, 118
Leberblümchen *Hepatica nobilis* 109
Leinkraut *Linaria* 62
Levkoje *Matthiola incana* 108
Lichtnelke *Lychnis coronaria* 65, 109
Liebstöckel *Levisticum officinale* 34, 117
Lilie *Lilium* 109
Linse *Lens* 10
Löwenmäulchen *Antirrhinum majus* 59, 108, **110/111**

Löwenzahn *Taraxacum officinale* 42
Lorbeer *Laurus* 14
Lungenkraut *Pulmonaria angustifolia, Pulmonaria officinalis, Pulmonaria saccharata* 116
Lupine *Lupinus polyphyllus* **52**, 80, 81, 109, **110/111**

Madonnenlilie *Lilium candidum* **17**, 54, 55, 109
Mädesüß *Filipendula ulmaria* 'Plena' 116
Märzbecher *Leucojum vernum* 109
Märzveilchen *Viola odorata* 113
Maiglöckchen *Convallaria majalis* 64, 109
Mais *Zea* 23
Majoran *Majorana hortensis* 90, 117
Mangold *Beta vulgaris* 119
Margerite *Chrysanthemum leucanthemum* 39, 65, 109
Marienglockenblume *Campanula medium* 108
Maßliebchen *Bellis perennis* 64, 108
Mauerpfeffer *Sedum acre* 77, 109
Maulbeerbaum *Morus* 14
Meerkohl *Crambe maritima* **74/75, 120**
Meerrettich *Armoracia rusticana* 34, 88, 117
Meisterwurz *Peucedanum ostruthium* 47
Melde *Atriplex* 77
Melisse *Melissa officinalis* 16, 42, 117
Milchstern *Ornithogalum* 109
Mispel *Mespilus germanica* 14, **15**
Möhren *Daucus* 10, **29**, 35, 85, 86
Mohn *Papaver* 38
Monarde *Monarda didyma* 62, **110/111**, 112
Montbretie *Crocosmia x crocosmiiflora* 112
Moosrose *Rosa centifolia* 54
Muskatellersalbei *Salvia sclarea* 46, 113
Mutterkraut *Chrysanthemum parthenium* 44, 112
Myrte *Myrtus* 44, **94/95**

Nachtkerze *Oenothera* 65
Nachtviole *Hesperis matronalis* 108
Narzisse *Narcissus* 23, 50, 112
Nelke *Dianthus* 39, 55, 58, 65, 109, 112
Nelkenwurz *Geum chiloense* 116
Nieswurz, Grüne *Helleborus viridis* 47, 113

Ölrettich *Raphanus sativus var. oleiformis* 80, 81
Orchidee 86
Oregano *Origanum vulgare „Compactum"* 117
Orientmohn *Papaver orientale* 112
Osterglocke *Narcissus pseudonarcissus* 112

Paprika *Capsicum* 23, 73
Pelargonie *Pelargonium* 62
Perserklee *Trifolium resupinatum* 81
Pestwurz *Petasites* 14
Petersilie *Petroselinum* **19**, 34
Pfefferminze *Mentha x piperita* 42, **43**, 117
Pfingstnelke *Dianthus gratianopolitanus* 58, 112
Pfingstrose *Paeonia officinalis* in Sorten, *Paeonia-lactiflora-Hybriden* 38, **51**, 112
Phlox *Phlox paniculata* 62, **66/67**, **110/111**, 112
Pimpinelle *Sanguisorba minor* 117
Porree *Allium porrum* 34, 40
Portulak *Portulaca oleracea* 40
Primeln *Primula* 112
Puffbohne (Saubohne) *Vicia faba* 10, **11**, 119
Purpurglöckchen *Heuchera sanguinea* 112

Quecke *Agropyron* 77
Quitte *Cydonia* **29**, **69**

Radieschen *Raphanus sativus* **29**, 119
Rainfarn, Krausblättriger *Tanacetum vulgare 'Crispum'*, 42, 88, 90, 113
Remontantrose *Rosa* 54

Reseda *Reseda odorata* 108
Rettich, Radieschen *Raphanus sativus* 119
Rhabarber *Rheum* **29**, 88, **89**, **120**
Ringelblume *Calendula officinalis* **19**, 44, **48/49**, 86, **87**, 108, **110/111**
Rittersporn *Delphinium-Hybriden* 112
Rittersporn, Einjähriger *Delphinium ajacis (Consolida ajacis)* **107**, 108
Römersalat *Lactuca sativa var. longifolia* 40
Rosa alba 54
Rosa gallica 54
Rosa indica 54
Rose *Rosa* 7, 50, 54, **56/57**, **60/61**, 65, 86
Rose, Hundertblättrige *Rosa centifolia* 50, 54
Rosmarin *Rosmarinus officinalis* 14, 44, 46, 117
Rote Bete *Beta vulgaris* 119
Rotklee *Trifolium pratense* 80
Rotkohl *Brassica oleracea var. capitata* **104/105**
Rübe *Beta* 39
Rübe, Gelbe *Daucus carota* 34
Rübe, Rote *Beta vulgaris* 34

Sadebaum *Juniperus sabina* 39, 118
Salat **19**, 40
Salbei *Salvia nemorosa, Salvia pratensis* 116
Salvia officinalis 44, **45**, **56/57**, 117
Saubohne (auch Puffbohne) *Vicia faba* 10, **11**, 119
Sauerampfer 77
Schachbrettblume *Fritillaria meleagris* 112
Schachtelhalm *Equisetum* 88
Schafgarbe *Achillea millefolium* 65, 66, 112
Schafgarbe, Gelbe *Achillea filipendulina* 65, **66/67**, 112
Schattenmorelle *Prunus cerasus* 88
Schlafmohn *Papaver somniferum* 44
Schleifenblume *Iberis* 62, **63**

Register

Schmuckkörbchen *Cosmos bipinnatus* **48/49**, 108
Schneeball *Viburnum* 65
Schneeglöckchen *Galanthus nivalis* 112
Schnittlauch *Allium schoenoprasum* 34, **41**, 117
Schöllkraut *Chelidonium* 77
Schwarzwurzel *Scorzonera hispanica* 42, **85**, 119
Schwertlilie *Iris germanica Barbata-Elatio*r 47, 112
Scille *Scilla* 23
Sellerie *Apium graveolens* 34, 42, 55, **85**, 119
Senf *Sinapis* 86
Sommeraster *Callistephus chinensis* 62, 108
Sommerlinde *Tilia platyphyllos* 92
Sonnenauge *Heliopsis* 58
Sonnenblume *Helianthus* 23, **29**, **48/49**, 58, **59**, 112
Sonnenbraut *Helenium* 58, 112
Sonnenhut *Rudbeckia fulgida, Rudbeckia laciniata* 58, 112
Spargel *Asparagus officinalis* 40, 119
Spinat *Spinacia oleracea* 119
Springkraut *Impatiens glandulifera* 65
Stachelbeere *Ribes uva-crispa* 65
Stangenbohne *Phaseolus vulgaris* **19**
Staudensonnenblume *Helianthus decapetalus* 112
Stechpalme *Ilex aquifolia* 118
Steinbrech (Porzellanblümchen) *Saxifraga umbrosa* 112
Stiefmütterchen *Viola tricolor* 64, 108
Stockrose (Stockmalve) *Althaea rosea* 53, 55, 108, **110/111**
Storchschnabel *Geranium phaeum, Geranium platypetalum, Geranium pratense 'Plena', Geranium sylvaticum* **56/57**, 65, 116
Strohblume *Helichrysum bracteatum* 62, 108
Studentenblume *Tagetes patula* **19**, **48/49**, 86, **87**, 108
Süßdolde *Myrrhis odorata* 118

Tabak *Nicotiana tabacum* 23, 44
Taglilie *Hemerocallis* **103**, 112
Taubnessel, Rote *Lamium purpureum* 77
Tausendschön *Bellis perennis* **63**
Thymian *Thymus vulgaris* 44, 117
Tigerlilie *Lilium tigrinum* 109
Tomate *Lycopersicon lycopersicum* 19, 23, 38, 40, 73, 90, 119
Tränendes Herz *Dicentra spectabilis* 64, 112
Traubenhyazinthe *Muscari armeniacum* 112
Türkenbund *Lilium martagon* 50, 55, 109
Tulpe *Tulipa* 23, **24/25**, 50, 58, 62, 113

Veilchen, Gehörntes *Viola cornuta* 64, 113
Vergißmeinnicht *Myosotis alpestris* 63, 64, 65, 108
Vogelmiere *Stellaria media* 77

Walnußbaum *Juglans regia* 90
Weberkarde *Dipsacus sativus* 113
Wegwarte *Cichorium intybus* 65
Wein *Vitis vinifera* 118
Weinraute *Ruta graveolens* 46, 90, 113
Wermut *Artemisia absinthium* 44, 88, 90, 117
Wicke *Lathyrus odoratus* 108
Wildtulpen *Tulipa grengiolensis, Tulipa didieri, Tulipa sylvestris* 113
Winterrettich *Raphanus* 34
Wucherblume *Chrysanthemum* 62
Wurmfarn *Dryopteris filix-mas* 113
Wurzel *Daucus* 88

Ysop *Hyssopus officinalis* 16, 44, 117

Zentifolie *Rosa centifolia* 50, 54
Zinnie *Zinnia elegans* 108
Zucchini **100/101**
Zwiebel *Allium cepa* 34, 39, 40, 62, **85**, 86, 119

Literatur

Brockpähler, Renate: Bauerngärten in Westfalen, Münster 1985

Fisch, Margery: Cottage Garden Flowers, Newton Abbot 1973

Gabriel, Ingrid: Neuanlage eines Biogartens, Niedernhausen 1984

Garland, Sarah: Der duftende Kräutergarten, München 1986

Grießmair, Brigitte: Vielgeliebter Bauerngarten, Bozen 1987

Grunert, Christian: Pflanzenporträts, Hamburg 1954

Hahn, Mechthild: Frisches Gemüse aus eigenem Garten, München, Basel, Wien 1968

Hansmann, Wilfried: Gartenkunst der Renaissance und des Barock, Köln 1983

Hauser, Albert: Bauerngärten der Schweiz, Zürich, München 1976

Heynitz, Krafft von; Merckens, Georg: Das biologische Gartenbuch, Stuttgart 1987

Kreuter, Marie-Luise: Kräuter und Gewürze aus dem eigenen Garten, München 1979

Larkcom, Joy: Der Grünkostgarten, München 1986

Nickig, Marion; Rau, Heide: Köstliche Blüten, Hamburg 1994

Nickig, Marion; Wagner, Friedolin: Gartenkultur, Hamburg 1993

Nickig, Marion; Rau, Heide: Vom Nutzen schöner Gärten, Hamburg 1995

Titze, Peter: Das Pflanzenkleid des Dorfes – seine Gärten, 1983

Widmayr, Christiane: Alte Bauerngärten neu entdeckt, München, Wien, Zürich 1984

Sonstige:

Gartenrundbrief, Verlag Arbeitsgemeinschaft für biologisch-dynamische Wirtschaftsweise, Pforzheim

Merkblätter des Bayerischen Landesverbandes für Gartenbau und Landespflege, München

Autoren/Impressum

Marion Nickig, geb. 1955 in Essen, Grafik-Design-Studium bei Willy Fleckhaus. Ein Studienaufenthalt in der Toskana weckte das besondere Interesse an der Fotografie, vor allem an der Pflanzenfotografie. Seit 1981 Veröffentlichungen von zahlreichen Blumen- und Gartenthemen. Im Ellert & Richter Verlag sind ihre Bücher „Blumen und Sträuße", „Gartenkultur", „Köstliche Blüten", „Vom Nutzen schöner Gärten", „Romantische Rosen", „Köstliche Kräuter", „Leckere Rezepte aus dem Kräutergarten", „Stiefmütterchen und Veilchen" und „Der sinnliche Garten" erschienen.

Friedolin Wagner, Maler und leidenschaftlicher Gärtner, hat sich als Gartenjournalist durch seine Veröffentlichungen in großen Zeitschriften und als Autor von Gartenbüchern einen Namen gemacht. Im Ellert & Richter Verlag veröffentlichte er zusammen mit Marion Nickig „Gartenkultur".

Titel: Rose 'Schneewittchen' mit Lavendel und Rhabarber im Vordergrund

Die Deutsche Bibliothek – CIP-Einheitsaufnahme
Bauerngärten / Marion Nickig/Friedolin Wagner. – 2. Aufl.
Hamburg: Ellert und Richter, 2001
(Edition Ellert & Richter)
ISBN 3-89234-667-4
NE: Nickig, Marion; Wagner, Friedolin

Fotos: Marion Nickig, Essen
Text: Friedolin Wagner, Hamburg
Lektorat: Frank Heins, Hamburg
Gestaltung: nach Entwürfen von Büro Brückner + Partner, Bremen
Satz: KCS GmbH, Buchholz/Hamburg
Lithographie: Offset-Repro im Centrum, Hamburg
Druck: Wiesbadener Graphische Betriebe GmbH, Wiesbaden
Bindung: S. R. Büge, Celle